Anne-Maike von Walsleben
Doreen Blumhagen

40 magische Weihnachtswichtel-Ideen

Kleine Wichtelstreiche, Arbeitsblätter, Brief- und Gestaltungsvorlagen für die Adventszeit

Impressum

Titel
40 magische Weihnachtswichtel-Ideen
Kleine Wichtelstreiche, Arbeitsblätter, Brief- und Gestaltungsvorlagen für die Adventszeit in Klasse 1/2

Autorinnen
Doreen Blumhagen, Anne-Maike von Walsleben

Umschlagmotive
Wichteltür: © Elena Chirkova, Sterne: © Marina Santiaga – beide Shutterstock.com

Fotos und Illustrationen
wenn nicht anders angegeben: © Verlag an der Ruhr
Illustrationen auf den Fotos S. 7–27: siehe Bildnachweise auf den jeweiligen Bastelvorlagen im Download

Druck
Heenemann GmbH & Co. KG, Berlin, DE

Geeignet für die Klassen 1–2

ISBN 978-3-8346-6364-1

Inhaltsverzeichnis

Die Wichteltür im Klassenzimmer

Der Brauch der Wichteltür

In den letzten Jahren ziehen Wichtel immer häufiger bei Familien ein. Der Brauch der „Wichteltür" ist ein skandinavischer Brauch in der Vorweihnachtszeit zum Mitmachen, Staunen und zur Anregung der Fantasie. In Schweden zieht Tomte und in Dänemark Nisse bei den Familien ein. Sie bringen den Menschen Glück und Schutz, helfen aber auch bei den Weihnachtsvorbereitungen, überlegen sich Streiche und überraschen mit kleinen Zaubereien.

Die Wichtel kommen aus dem Wichtelland oder vom Nordpol und sind die Gehilfen des Weihnachtsmannes oder des Christkindes. Sie leben hinter einer Wichteltür, die an der Wand über der Fußleiste befestigt ist. Kein Mensch hat sie je gesehen.
Sie achten streng darauf, nicht von Kindern oder anderen Familienmitgliedern beobachtet zu werden, da sie sonst ihre Zauberkraft verlieren. Besonders geheimnisvoll ist, dass die Wichtel nur nachts aktiv sind und am Tag schlafen. Deshalb kommunizieren sie mit den Menschen über kleine Briefe.
Vor der Wichteltür erscheinen außerdem auf magische Weise kleine Miniaturen (z. B. Umzugskartons oder Tannenbäume) und Spuren, die zeigen, dass ein Wichtel hinter der Tür eingezogen ist.

Ein Schulwichtel zieht ein

Der Einzug eines Schulwichtels im Klassenzimmer ist eine besonders schöne Alternative oder Ergänzung zum Adventskalender in der Vorweihnachtszeit.
Er regt die Fantasie der Kinder an und fördert ihre Vorstellungskraft. Durch den Einzug des Schulwichtels im Klassenzimmer wird er zum Teil der Klasse. Neben der Förderung der Fantasie und Vorstellungskraft werden auch die sozialen Kompetenzen und die sprachlichen Fähigkeiten der Kinder verbessert. Durch die Einbindung des Schulwichtels in den Unterricht kann außerdem das Selbstbewusstsein und die Motivation der Kinder gestärkt werden.

Vorbereitung

Für die Vorbereitung der Wichteltür im Klassenzimmer sind verschiedene Überlegungen notwendig.
Für die Planung und Vorbereitung der Wichteltage empfiehlt sich das Ausfüllen eines Planungsbogens (s. Download).

Wann und wie zieht der Wichtel ein?

Wie schön! Ein Wichtel zieht ins Klassenzimmer ein! Doch wie kündigen Sie den Kindern den Wichtel an? Es gibt verschiedene Möglichkeiten, wie der Wichtel einziehen kann:
Der Wichtel zieht am 1. Dezember oder bereits ein paar Tage zuvor im Klassenzimmer ein.
Er kann sich vorher anmelden, eingeladen werden oder auf magische Weise einfach da sein.
Konkrete Ideen und Materialien für den Einzug sind im Kapitel „Wichtelideen: Einzug des Schulwichtels" zu finden.

Wie heißt der Wichtel?

Der Wichtel, der ins Klassenzimmer einzieht, hat natürlich auch einen Namen. Sie können selbst entscheiden, ob ein Wichtel oder eine Wichtelin einzieht. (Im Buch wird der Einfachheit halber nur von „Wichtel" gesprochen.)

Unsere Namensvorschläge sind:
Wichtel: Tomte, Lasse, Pelle, Ole, Nisse, Lars, Willy, Lumi, Snorre, Jonte, Toni, Fritz, Nils, Albert, Alfred, Gustaf, Floki, Knut, Olaf, Skipp
Wichtelin: Trudi, Frieda, Alma, Alva, Noora, Swea, Aila, Birte, Elanor, Jette, Lumi, Suvi, Emmi, Amia, Lyra, Maila

Wo wohnt der Wichtel?

Klassisch baut der Wichtel seine Wichteltür an die Fußleiste und sein Wichtelzubehör auf dem Fußboden auf. Hier sollte im Vorfeld unbedingt mit dem Reinigungspersonal gesprochen werden, damit man am nächsten Morgen keine böse Überraschung erlebt. Im Klassenzimmer bieten sich aber auch andere Orte, wie ein Sideboard oder die Fensterbank, für die Wichteltür an.

Was passiert vor der Wichteltür?

Das Besondere an einer Wichteltür ist, dass sich täglich etwas vor der Tür verändert. Kleine Gegenstände erscheinen und verschwinden auf magische Weise. Jeden Morgen schauen die Kinder zuerst zur Wichteltür. Was ist wohl heute Nacht wieder los gewesen? Was hat der Wichtel angestellt?
Als Download finden Sie, passend zu jeder Wichtelidee, farbige Gestaltungsvorlagen zum Falten und Kleben für kleine Miniaturen, die vor der Wichteltür arrangiert werden können. Hier gibt es auch eine Wichtelgrundausstattung. Alternativ können

ähnliche Miniaturgegenstände aus Alltagsgegenständen gebastelt oder zusätzlich gekauft werden.

Tipps:

- Für die bessere Haltbarkeit bietet es sich bei vielen Vorlagen an, diese auf dickes Papier zu drucken, auf Tonkarton zu kleben oder mit matter Laminierfolie zu laminieren.
- Bei einigen Zubehörmaterialien sollen Rückseiten aufgeklebt werden. Um die Ausschneidearbeit zu verringern, empfiehlt es sich, die Vorlagen zunächst grob auszuschneiden und an der Faltlinie zu falten. Dabei ist es hilfreich, die Vorlage ins Licht zu halten, sodass Vorder- und Rückseite deckungsgleich sind, bevor Sie sie zusammenkleben. Erst dann sollten Sie die Vorlage genauer ausschneiden.
- Vor allem in den ersten Tagen ist es sinnvoll, auch von anderen Kolleg*innen[1] etwas an der Wichteltür verändern zu lassen, wenn man selbst mit den Kindern nicht im Klassenraum ist, um nicht als „Wichtel" verdächtigt zu werden.

Welche Briefe schreibt der Wichtel?

Zu jeder Wichtelidee gibt es einen passenden Wichtelbrief, der vor die Wichteltür gelegt werden kann. Dazu gibt es passende Wichtelbriefumschläge in schwarz-weiß (S. 42) oder farbig als Download. Alle Briefe können durch die Ergänzung des Klassennamens und/oder eines Wichtelnamens personalisiert werden. Die Downloadvariante der Briefe kann zudem auch inhaltlich angepasst werden. Für eigene Wichtelideen gibt es zusätzlich Briefpapier ohne Brieftext.
Die Wichtelbriefe können in beliebiger Reihenfolge ausgewählt werden. Sie werden von der Lehrkraft oder von lesestarken Schüler*innen vorgelesen.
Da die Wichtelschrift sehr klein ist, kann auch eine Lupe bereitgelegt werden.
Durch den Briefwechsel zwischen Wichtel und den Kindern entsteht eine Interaktion, die die sprachliche Kompetenz, die Fantasie, Kreativität und das Gemeinschaftsgefühl der Schüler*innen stärkt.

[1] Der Verlag an der Ruhr legt großen Wert auf eine geschlechtergerechte und inklusive Sprache. Daher nutzen wir das Gendersternchen, um sowohl männliche und weibliche als auch nichtbinäre Geschlechtsidentitäten einzuschließen. Alternativ verwenden wir neutrale Formulierungen. In Texten für Schüler*innen finden sich aus didaktischen Gründen neutrale Begriffe bzw. Doppelformen.

In seinen Briefen fordert der Wichtel teilweise eine Antwort ein. Weitere Anregungen können von Ihnen gegeben werden oder die Kinder entwickeln eigene Ideen.

Tipp: Für die Wichtelbriefe stehen zwei verschiedene Briefumschläge (s. Download) zur Verfügung. Diese können, einmal gebastelt, im Austausch immer wieder verwendet werden. Dann wird nur der Brieftext ausgetauscht.

Welche Aufgaben bringt der Wichtel mit?

Neben seinen Streichen stellt der Wichtel den Kindern Aufgaben, die sie erledigen sollen. Jeden Morgen ist es eine große Überraschung, was sich der Wichtel Neues hat einfallen lassen.
Dieser Band bietet 40 Wichtelideen mit thematischen Angeboten für verschiedene Unterrichtsfächer und das soziale Miteinander der Klasse, sodass der Wichtel auch im Unterricht thematisiert werden kann. Die Wichtelideen beziehen sich auf verschiedene Lernbereiche der einzelnen Fächer und greifen weihnachtliche Themen bzw. das Wichtelleben auf, sodass sich die Kinder auf spielerischer Art und Weise intensiv mit dem Thema auseinandersetzen. Durch differenzierte Materialien ist der Einsatz in Klasse 1 und 2 möglich. Alle notwendigen Materialien sind als Kopiervorlagen oder als farbiger Download für den sofortigen Einsatz vorhanden.

Welche Streiche soll der Wichtel spielen?

Eine Lieblingsbeschäftigung des Wichtels ist es, den Kindern kleine Streiche zu spielen. Diese können z. B. alternativ zu einer thematischen Wichtelidee eingesetzt werden, wenn keine Zeit im Unterricht dafür eingeplant werden soll, oder auch passend zu einer thematischen Wichtelidee verwendet werden.

Beispiel: Der Wichtel kann bei der Wichtelidee „Wichtelpapier" nachts das Einpacken der Geschenke üben, indem er verschiedene Dinge aus dem Klassenzimmer in Zeitungspapier verpackt. Vorschläge für verschiedene Wichtelstreiche sind in der „Ideensammlung für kleine Wichtelstreiche" (S. 28) zu finden.

Hinweise: Wichtig ist, dass die Streiche harmlos sind und niemanden verletzen oder Ängste auslösen. Außerdem sollten die Kinder sich über die Streiche freuen können.

Die Wichteltür im Klassenzimmer

Nicht alle Kinder mögen Streiche. Am besten thematisieren Sie beim Einzug des Wichtels, welche Einstellung die Kinder zu Streichen haben.

Tipp: Formulieren Sie passende Wichtelbriefe zu dem gewählten Streich auf der Blankovorlage für Wichtelbriefe.

Wann und wie zieht der Wichtel wieder aus?

Der Wichtel zieht am letzten Schultag vor oder in den Weihnachtsferien aus.
Hier ist es wichtig, dass auch der Auszug mit den Kindern thematisiert wird und der Wichtel nicht einfach verschwindet. Die Kinder haben in den vergangenen Wochen eine emotionale Bindung zu dem Wichtel aufgebaut. Damit die Kinder nach dem Auszug nicht in ein „Wichtelloch" fallen, erinnern sich die Kinder noch mal an die gemeinsame Zeit zurück und verabschieden den Wichtel.
Ideen für den Einzug sind im Kapitel „Wichtelideen: Auszug des Schulwichtels" zu finden.

Legende der verwendeten Symbole

Zur besseren Orientierung werden folgende Symbole in den didaktisch-methodischen Hinweisen verwendet:

 Kopiervorlage für Wichtelbrief

 Kopiervorlage

 Vorbereitung vor der Wichteltür, Wichtelzubehör (s. Download „Farbige Gestaltungsvorlagen")

 Material ist als Zusatzdownload erhältlich (s. Download „Farbige Kopiervorlagen" und „Editierbare Kopiervorlagen")

 Benötigtes Zusatzmaterial

 Mögliche Interaktion der Schüler*innen mit dem Wichtel, Anregung für eigene Briefe

Wir wünschen Ihnen viel Freude und Inspiration mit unseren Ideen für eine Wichteltür im Klassenzimmer.

Ihre Wichtelinnen
Anne-Maike von Walsleben
und Doreen Blumhagen

Downloadmaterial:
Editierbare Kopiervorlagen (Word)
Farbige Kopiervorlagen (PDF)
Farbige Gestaltungsvorlagen (PDF)

Ihr persönlicher Zugang:
Alle im Download befindlichen Dateien können Sie unter dem folgenden Link abrufen: cloud.verlagruhr.de/lerninhalt/Mn6G10iGaNBk/

Passwort: Wichtelzeit

Wenn Sie die Kopiervorlagen auf Ihrem mobilen Endgerät (Handy, Tablet) aufrufen möchten, scannen Sie den nachfolgenden QR-Code ab und öffnen Sie die Dateien.
Wir empfehlen, die Dateien zeitnah zum Kauf des Produkts herunterzuladen, da der angegebene Link und der QR-Code ihre Gültigkeit verlieren können. Sollte dies der Fall sein, wenden Sie sich bitte an: digitaleslernen@verlagruhr.de

Wichtelideen

Einzug des Schulwichtels

Wichtelbaustelle

Lernbereich: Freies Schreiben, Formulieren von Fragen

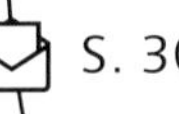
S. 30

–

Absperrband, Leiter, Baustellenschild, Bauplan, Warnschilder, Kegel, Werkzeugkasten, Werkzeug, Umzugskartons, Wichti-Klo, Baustellenkegel

Sand, kleine Baufahrzeuge

Der Wichtel zieht ein. Dazu baut er eine Baustelle auf, die sich einige Tage lang immer wieder verändert. Er hat alle seine Sachen mitgebracht. Diese werden entweder direkt aufgebaut und sind teilweise noch in Kisten verpackt. So entsteht nach und nach ein „Zuhause". Mit Anbringen der Tür ist der Wichtel eingezogen.

Tipp: An der Wichtelbaustelle ist immer etwas Spannendes zu sehen. Neben den Materialien aus dem Downloadbereich können auch zusätzliche Gegenstände (Sand, Fahrzeuge) dazugestellt werden.

Möglicher Ablauf für die Wichtelbaustelle:
Tag 1: Die Baustelle ist mit Band und Kegel abgesperrt, Schilder sind aufgestellt und der Bauplan ist ausgelegt.
Tag 2–3: Das Wichti-Klo, die Werkzeugkiste und die Leiter werden aufgestellt.
Tag 4: Die Baustelle wird abgeräumt und Umzugskartons erscheinen (s. „Wichteleinzug"). Es können noch Umzugskartons ergänzt werden.

Der Wichtel schreibt den Kindern, dass er in den nächsten Tagen einziehen wird. Die Kinder könnten ihm einen guten Einzug/Umzug wünschen und ihm erste Fragen stellen.

Wichteleinzug

Lernbereich: Wahrnehmung, Fantasie

S. 30

–

Baum, Wichteltür, Fenster, Fußmatte, Koffer, Tisch, Stühle; optional: Türkranz, Zaun, Besen, Laterne, Namensschild, Lichterbogen, Adventskranz, Steine

Doppelseitiges Klebeband

Auf geheimnisvolle Weise ist über Nacht eine kleine Tür und ein Fenster an der Wand des Klassenzimmers erschienen. Davor liegen eine Fußmatte, ein Koffer und ein kleiner Brief, der an die Klasse adressiert ist. In diesem stellt sich der Wichtel vor.

Hinweis: Der Wichteleinzug kann unabhängig oder im Anschluss an die Ideen „Wichtelbaustelle" oder „Wichtellicht" eingesetzt werden.

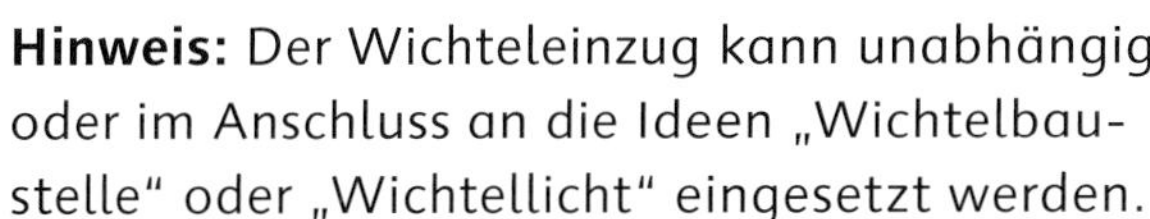

Befestigen Sie Tür und Fenster mit doppelseitigem Klebeband an der Wand, legen Sie die Fußmatte davor und stellen Sie den Koffer (evtl. mit kleinen Gegenständen befüllt) davor.

Die Kinder schreiben dem Wichtel einen Begrüßungsbrief.

Wichtellicht

Lernbereich: Genaues Ausmalen, Bastelanleitung umsetzen

S. 30

S. 43

Laterne

Briefumschlag

1 Teelicht bzw. LED-Teelicht je Kind, Baby- oder Rapsöl, Pinsel oder Schwamm, Papiertuch

Der Wichtel fragt vor seinem Einzug, ob die Klasse ihn als Schulwichtel einlädt. Sie sollen Wichtellaternen ans Fenster stellen, damit er nachts sieht, dass er willkommen ist. Als Geschenk hat er Laternenvorlagen mitgebracht.

Hinweise: Durch das Bestreichen mit Öl wird das Papier transparent, sodass das Licht des Teelichts/LED-Lichts hindurchscheinen kann.

Wichtig: Lassen Sie die Kinder mit Buntstiften ausmalen. Die Kinder streichen anschließend die Rückseite mit Öl ein (sonst verwischt die Farbe). Achten Sie darauf, dass die Kinder das Öl sparsam verwenden (1–2 Tropfen sind ausreichend). Überschüssiges Öl kann mit einem Papiertuch entfernt werden.

Differenzierung: Im Downloadmaterial gibt es eine zusätzliche Leervorlage der Laterne, die frei gestaltet werden kann.

Tipps: Die Wichtellaternen werden in der Weihnachtszeit jeden Tag zum Frühstück auf den Platz gestellt.

Die Klasse erhält einen Brief vom Wichtel. Dieser kann z. B. wirkungsvoll von dem*der Sekretär*in aus der Post gebracht werden. Beim Wichteleinzug steht als Erinnerung eine Wichtellaterne vor der Tür.

Die Kinder stellen die Laternen als Einladung ins Fenster.

Wichtelsteckbrief

Lernbereich: Schreiben nach Vorlage

S. 30

S. 44

Steckbrief, Federmappe (s. „Schulwichtelprüfung"), Tisch (s. „Wichteleinzug")

Lupe

Der Wichtel stellt sich selbst in einem Steckbrief vor. Da die Kinder ihn nie sehen werden, gibt er ihnen so weitere Informationen über sich.

Hinweis: Nach dem Einzug des Wichtels sollte thematisiert werden, warum er nicht gesehen werden kann.

Legen Sie den Steckbrief und die Federmappe auf den Tisch vor die Wichteltür. Legen Sie die Steckbriefe bereit.

Tipp: Da der Wichtelsteckbrief sehr klein geschrieben ist, können die Schüler den Text mit einer Lupe lesen oder er wird über die Dokumentenkamera der interaktiven Tafel gezeigt.

Die Kinder füllen selbst Steckbriefe aus und legen sie dem Wichtel hin, damit er die Kinder besser kennenlernen kann.

Wichtelrennen

Lernbereich: Feinmotorik, visuelle Wahrnehmung

S. 31

S. 45/46

Schlitten, Medaille; Tisch (s. „Wichteleinzug“)

Mehl, Zahnstocher, Wollfaden, evtl. Preis

Der Wichtel lädt die Kinder zu einem Schlittenrennen auf Papier ein. Dazu spuren sie mit einem Stift die vorgegebene Rodelbahn so schnell wie möglich nach, ohne dabei die Strecke zu verlassen. Für jedes Rennen wird die Bahn 3-mal am Stück nachgespurt und die Zeit gestoppt. Für jede Überschreitung der Rodelstrecke wird eine Strafsekunde zur Rennzeit dazugezählt.

Differenzierung: Das Schlittenrennen gibt es, je nach motorischen Fähigkeiten, in zwei Schwierigkeitsstufen.

Stellen Sie den Schlitten in den Wichtelgarten, legen Sie die Medaille auf den Tisch, streuen Sie evtl. Mehl als Schnee und zeichnen mit einem Zahnstocher Schlittenspuren ein.

Der Wichtel erhält den Namen des Siegers bzw. der Siegerin des Schlittenrennens. Am nächsten Morgen liegt ein kleiner Preis mit Gruß vom Wichtel bereit.

Wichtelwünsche

Lernbereich: Freie Texte schreiben

S. 31

S. 47/48

Klemmbrett, Stift, Vergrößerungspulver; Tisch (s. „Wichteleinzug“)

Tonkarton, Heftgerät, evtl. Kataloge/Prospekte

Der Wichtel arbeitet seine Wichtelaufgaben ab. Er fordert die Kinder dazu auf, einen Wunschzettel zu gestalten (malen und/oder schreiben), den er dann an den Weihnachtsmann oder das Christkind weiterleitet.

Differenzierung: Die Kopiervorlage „Wichtelwünsche“ ist in zwei Varianten vorhanden. Je nach Leistungsstand können die Kinder malen und schreiben oder nur schreiben.

Tipp: Schicken Sie die gesammelten Wunschzettel der Kinder an das Postfach des Christkinds bzw. Weihnachtsmannes. Um noch eine Antwort vor den Weihnachtsferien zu erhalten, sollte die Post bis zum 2. Advent weggeschickt werden.

An den Weihnachtsmann
Weihnachtspostfiliale
16798 Himmelpfort

An das Christkind
97267 Himmelstadt

Legen Sie das Klemmbrett und den Stift auf den Tisch und das Vergrößerungspulver daneben. Legen Sie den Wunschzettel bereit.

Die Kinder legen ihre Wunschzettel vor die Wichteltür.

Wichtelgedicht

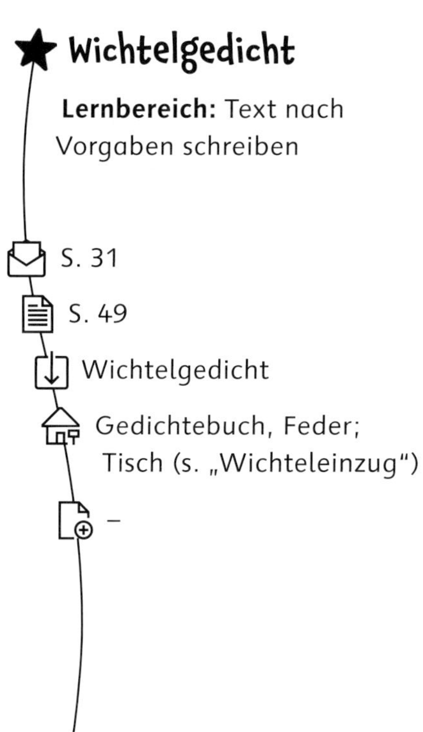

Lernbereich: Text nach Vorgaben schreiben

S. 31

S. 49

Wichtelgedicht

Gedichtebuch, Feder; Tisch (s. „Wichteleinzug")

–

Der Wichtel hat den Kindern ein Gedichtebuch aus dem Wichtelland mitgebracht. Er regt die Kinder dazu an, eigene Gedichte in Form eines Rondells zu schreiben. Dazu wird zunächst die Gedichtform besprochen. Sie besteht aus acht Versen. Die Zeilen 1, 4, 7 sowie 2, 8 sind gleich. Die anderen Zeilen werden individuell ergänzt. Die Symbole mit Mütze und Smiley dienen zur Orientierung. Auf der Kopiervorlage werden die Zeilen 4, 7 und 8 von den Kindern übernommen.
Die anderen Verse überlegen sich die Kinder selbstständig.

Differenzierung: Besprechen Sie mit den Kindern, was sie bisher mit ihrem Wichtel erlebt haben. Schreiben Sie Wörter oder Sätze an die Tafel. Die Kinder können auch in Gruppen oder als Klasse ein Gedicht verfassen.

Tipp: Der Wichtel zaubert die Gedichte der Schüler*innen über Nacht zu einem Gedichtebuch. Kopieren Sie dazu die Gedichtvorlagen der Kinder beidseitig auf A5 (= 4 Gedichte je Seite). Die Gedichte können dann mit dem Bucheinband (s. Download) gebunden werden. Heften oder nähen Sie sie in der Mitte zusammen.

Legen Sie das Gedichtebuch auf den Tisch und die Gedichtvorlagen bereit. Entsteht ein Klassengedichtebuch, können Sie es am nächsten Tag als Geschenk einpacken und mit dem Geschenkanhänger versehen.

Die Kinder legen dem Wichtel die fertigen Gedichte vor die Wichteltür.

Wichtelgeschichte

Lernbereich: Lesen

S. 31

S. 50

Wichtelgeschichte

Rätselblock, Stift (s. „Wichtelwünsche"), Tisch (s. „Wichteleinzug")

–

Der Wichtel erzählt den Kindern, dass er gerne Rätsel löst. Um den Kindern eine Freude zu bereiten, hat er ihnen einen Lesespaziergang mitgebracht.
Verteilen Sie die Bildkarten im Raum (oder auch auf dem Flur). Die Kinder lesen die Wörter auf ihrem Arbeitsblatt und suchen das zugehörige Bild. Auf den Bildkarten steht ein Buchstabe, den sie neben dem Wort auf dem Arbeitsblatt eintragen müssen. Nachdem alle Wörter gelesen und die Bildkarten gefunden wurden, entsteht ein Lösungswort („Wichteltür").

Differenzierung: Die Arbeitsblätter zum Lesespaziergang sind 3-fach differenziert. Es bietet sich außerdem an, mit einem Partnerkind zu lesen.

Legen Sie den Rätselblock und Stift auf den Tisch.

Die Kinder schreiben dem Wichtel das Lösungswort und ob ihnen der Lesespaziergang Spaß gemacht hat.

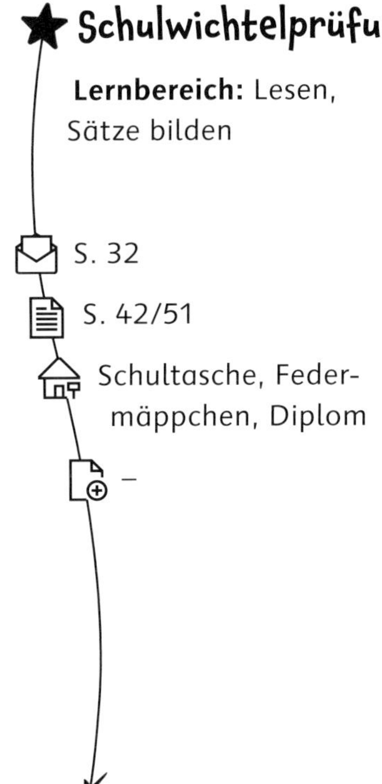

Schulwichtelprüfung

Lernbereich: Lesen, Sätze bilden

S. 32

S. 42/51

Schultasche, Federmäppchen, Diplom

–

Der Wichtel muss für seine Schulwichtelprüfung lernen. Er bittet die Schüler*innen, ihm beim Lernen zu helfen. Leider sind ihm die Sätze, die er lernen muss, durcheinandergeraten. Die Kinder sollen diese in arbeitsteiliger Gruppenarbeit wieder richtig zusammenpuzzeln und passende „Merkbilder“ zu ihrem Satz malen. Es sind sieben Gruppen möglich.

Hinweis: Zerschneiden Sie die einzelnen Sätze auf der Vorlage „Schulwichtelprüfung“ in die Wörter und stecken Sie die Wortkarten eines jeden Satzes in einen Briefumschlag (S. 42).

Differenzierung: Die Sätze haben unterschiedliche Schwierigkeitsgrade. Sie können einzeln oder in Gruppen gelöst werden.

Tag 1: Stellen Sie die Schultasche vor die Tür. Legen Sie die Wortstreifen durcheinander neben den Ranzen.
Tag 2: Es hängt ein Schulwichteldiplom neben der Wichteltür. Der Wichtel hat die Prüfung geschafft.

Die Kinder legen ihre Lernplakate vor die Wichteltür. In einem Brief können sie dem Wichtel viel Erfolg für seine Wichtelprüfung wünschen und ihm Tipps für das Lernen geben.

Wichtelpost

Lernbereich: Freie Texte schreiben

S. 32

S. 52

Briefkasten

Doppelseitiges Klebeband

Der Wichtel schreibt den Kindern immer wieder Briefe. Oft enden seine Briefe mit einer Frage, die eine Antwort verlangt. Doch die Kinder können dem Wichtel auch individuelle Briefe schicken. Während der Wichtel in der Klasse wohnt, gibt es unterschiedliche Schreibanlässe oder schreiben ihm die Kinder nach Belieben.

Tipp: Zusätzlich zu dem kleinen Briefkasten an der Wichteltür kann auch ein großer Briefkasten (z. B. ein gestalteter Schuhkarton) für die Briefe der Kinder aufgestellt werden.

Differenzierung: Mehrere Kopien des Wichtelbriefpapieres liegen während der gesamten Wichtelzeit bereit, sodass die Kinder nach Wunsch einen Brief an den Wichtel schreiben können. Eine Variante enthält Vorgaben zum Aufbau eines Briefes (Anrede, Text, Gruß, Absender).

Kleben Sie den Briefkasten mit doppelseitigem Klebeband neben die Wichteltür an die Wand.

Die Kinder antworten dem Wichtel oder schreiben ihm individuelle Briefe.

Wichtellesezeit

Lernbereich: Zuhören

S. 32

–

Buch, Werbeaufsteller, Vergrößerungspulver (s. „Wichtelwünsche“)

Weihnachtsbuch zum Vorlesen

Der Wichtel liest gerne Geschichten und hat den Kindern ein Buch in die Klasse gelegt.

Tipp: Das Buch kann frei gewählt werden. Für nur eine Stunde bietet sich ein Bilderbuch an. Die Kinder können zur Geschichte malen, etwas schreiben oder nur zuhören. An dieser Stelle können Sie selbst entscheiden, wie Sie das Angebot nutzen.

Stellen Sie das Werbebanner vor die Wichteltür. Die Titelseite des verkleinerten Buches können Sie kleinkopieren und auf den Werbeaufsteller kleben.

Die Kinder schreiben dem Wichtel, wie ihnen das Buch gefallen hat, oder legen ihm gemalte Bilder vor die Wichteltür.

Im Wichtelland

Lernbereich: Entspannung, Fantasie, genaues Zuhören

S. 32

S. 53

Wichtelzeitung; Briefkasten (s. „Wichtelpost“)

Evtl. Entspannungsmusik, Lupe

Die Kinder machen eine Traumreise ins Wichtelland, die von Ihnen langsam und mit klarer Stimme vorgelesen wird. Die Kinder sitzen auf dem Boden oder auf ihren Stühlen. Sie können die Augen schließen oder den Kopf auf die Arme bzw. auf den Tisch legen. Im Hintergrund können Sie Instrumentalmusik abspielen.

Tipp: Im Anschluss tauschen sich die Kinder darüber aus, was sie sich vorgestellt haben, was für sie neu oder besonders war.

Hinweis: In der Wichtelzeitung finden sich weitere Informationen über das Wichtelland. Sie können mit einer Lupe oder über die Dokumentenkamera der interaktiven Tafel gelesen werden.

Stecken Sie die Wichtelzeitung in den Briefkasten.

Die Kinder malen für den Wichtel ein Bild vom Wichtelland.

Sachunterricht

Wichtelfotos

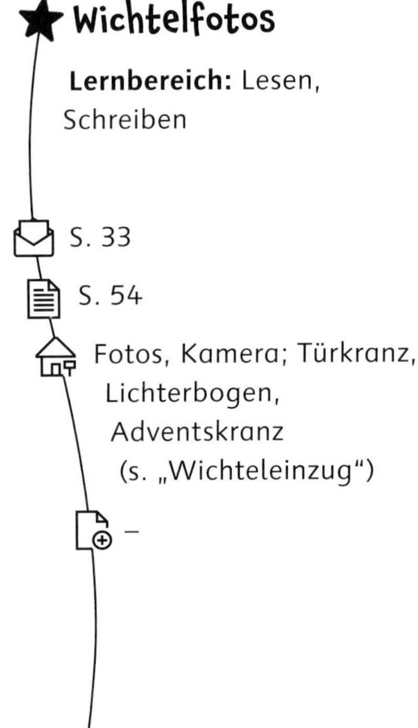

Lernbereich: Lesen, Schreiben

S. 33

S. 54

Fotos, Kamera; Türkranz, Lichterbogen, Adventskranz (s. „Wichteleinzug")

–

Der Wichtel hat den Kindern Fotos mitgebracht, die er von Weihnachtsbräuchen gemacht hat. Diese Fotos können unterschiedlich genutzt werden: als Gesprächsanlass, Memo-Spiel, Reizwortgeschichte, Obstkorb, Schreibanlass, Lernwörter, Erklärwörter, Wortkarten zum Ordnen nach Alphabet/Anlaut/Artikel, Silbenanzahl, Fliegenklatschenspiel etc.

Tipp: Kopieren Sie die Vorlage je nach Verwendung in entsprechender Anzahl und lassen Sie sie ausmalen.

Stellen Sie die Kamera vor die Tür und legen Sie die Fotos dazu. Schmücken Sie den Bereich vor der Wichteltür mit der Weihnachtsdeko.

Die Kinder berichten von den Spielen, die sie mit den Karten gespielt haben.

Wichtelfreund

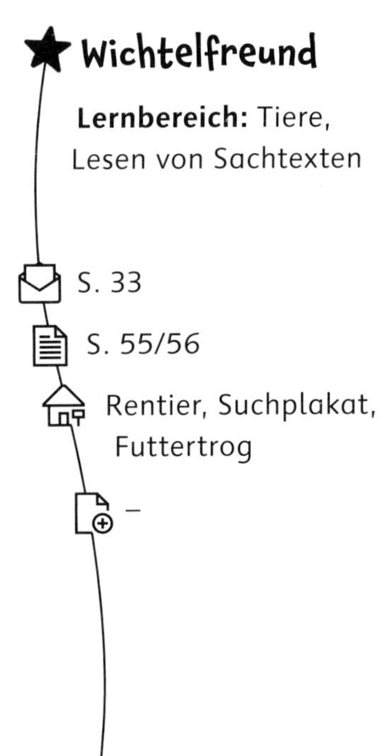

Lernbereich: Tiere, Lesen von Sachtexten

S. 33

S. 55/56

Rentier, Suchplakat, Futtertrog

–

Das Rentier des Wichtels ist ausgerissen. Der Wichtel bittet die Kinder, es zu suchen und zu füttern. Um das Rentier besser kennenzulernen, befassen sich die Schüler*innen mit einem kurzen Sachtext und füllen einen Steckbrief dazu aus.

Differenzierung: Die Informationen zum Rentier können in zwei Differenzierungsstufen eingesetzt werden: entweder als Text zum Lesen und Schreiben der Antworten oder als Ankreuzbogen mit Bildern und den Körperteilen des Rentieres.

Verstecken Sie das Rentier im Klassenzimmer. Stellen Sie den Futtertrog vor die Tür und hängen Sie das Suchplakat für das Rentier auf.

Die Kinder schreiben dem Wichtel eine Einkaufsliste, was er für das Rentier zu fressen besorgen soll. Etwas Passendes kann am nächsten Tag bereitliegen.

Wichtelerkältung

Lernbereich: Experimentieren, Bildanleitungen verstehen und ausführen

S. 33

S. 57/58

Zauberpulver, Medizintasche, Fieberthermometer, Taschentuchbox

Teller, Wasser, Glitzerpulver, Creme, Spülmittel, evtl. Papiertaschentücher, Teebeutel, Wasserkocher

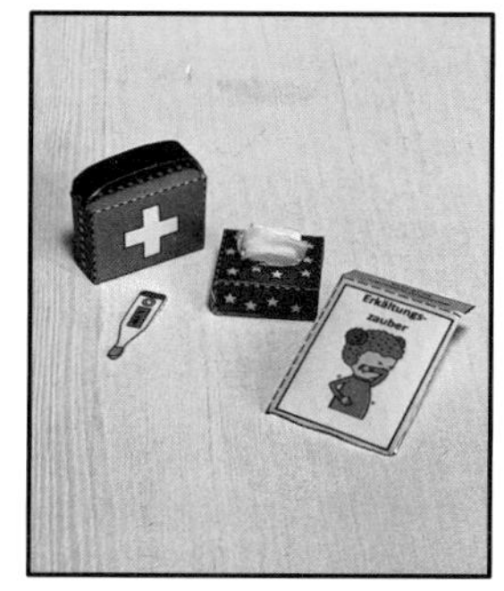

Der Wichtel hat sich erkältet. Damit das den Kindern nicht so schnell passiert, hat er ihnen zwei Experimente mitgebracht, durch die die Kinder lernen, wie Erkältungsviren verbreitet werden und wie man sich durch gründliches Händewaschen schützen kann.

Tipp: Die Schüler*innen füllen den Forscherbogen zum Experiment aus.

Differenzierung: Die Experimente können gemeinsam mit der Klasse oder in Gruppenarbeit durchgeführt werden. Jede Gruppe führt nur ein Experiment durch und stellt ihre Beobachtungen sowie Schlussfolgerungen den anderen anschließend vor.

Legen Sie die Taschentuchbox, die Medizintasche, das Thermometer und das Zauberpulver in den Wichtelgarten. Schneiden Sie das Papiertaschentuch in kleine Stücke, knüllen Sie es zusammen und verstreuen Sie es überall im Wichtelgarten.

Die Schüler*innen schreiben dem Wichtel Tipps, was er tun kann, damit er schnell wieder gesund wird. Sie stellen ihm eine Tasse Tee in den Wichtelgarten.

Wichtelfreude

Lernbereich: Tiere, Lesen von Sachtexten

S. 33

–

Pantoffeln, Schokonikolaus

Abhängig von der gewählten Aktion

Der Wichtel gibt den Kindern die Anregung, selbst zu einem „Nikolaushelfer" zu werden und wie der Nikolaus jemand anderem eine Freude zu machen. In der Klasse wird gemeinsam überlegt, wie das umgesetzt werden soll. Die Kinder können z. B. Nikolausgrüße für die anderen Klassen gestalten oder Nikolausgrüße zu einem benachbarten Pflegeheim bringen. Klassenintern können sie sich gegenseitig Bilder malen oder etwas basteln. Wichtig ist, dass bei einer klasseninternen Aktion jedes Kind am Ende des Tages etwas bekommt und ihm somit eine Freude gemacht wurde.

Stellen Sie die Schuhe mit dem Schokonikolaus vor die Wichteltür.

Die Kinder schreiben dem Wichtel, wem sie eine Freude gemacht haben und wie diese Person reagiert hat.

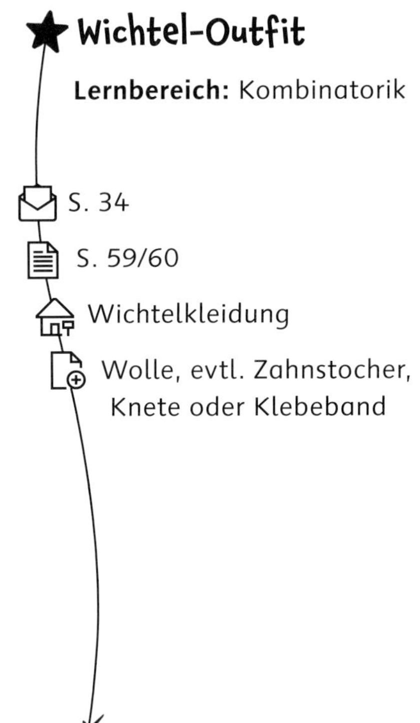

Wichtel-Outfit

Lernbereich: Kombinatorik

S. 34

S. 59/60

Wichtelkleidung

Wolle, evtl. Zahnstocher, Knete oder Klebeband

Der Wichtel hat Wäsche gewaschen und diese aufgehängt. Nun überlegt er, was er anziehen soll. Die Schüler*innen stellen für den Wichtel Outfits mit Mütze, Jacke und Hose in drei verschiedenen Farben zusammen.

Differenzierung: Leistungsschwächere Kinder oder die 1. Klasse bekommt die Outfit-Zaubermaschine (Seite 2). Mit dieser können sie mögliche Kombinationen zusammenschieben und abmalen.

Hinweis: Es gibt insgesamt acht verschiedene Wichtel-Outfits.

Knoten Sie den Wollfaden als Wäscheleine fest. Stellen Sie evtl. eine Wäscheleine mit Zahnstocher und Knete auf. Befestigen Sie die Wäsche an der Leine.

Die Kinder schreiben/malen dem Wichtel, welches Outfit ihnen am besten gefällt.

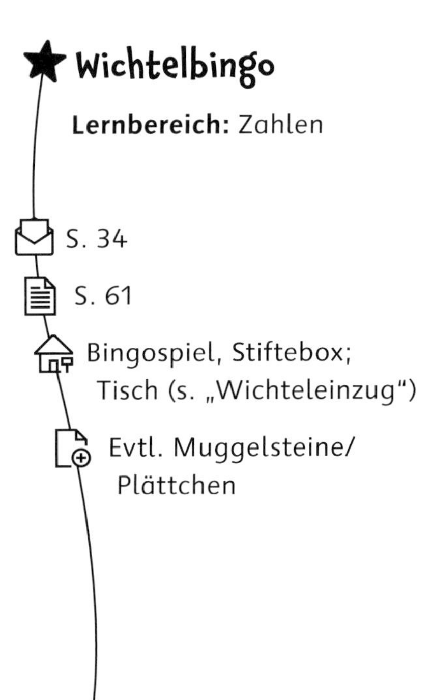

Wichtelbingo

Lernbereich: Zahlen

S. 34

S. 61

Bingospiel, Stiftebox; Tisch (s. „Wichteleinzug")

Evtl. Muggelsteine/ Plättchen

Der Wichtel stellt den Kindern das Spiel „Wichtelbingo" vor. Je nach Lernstand der Klasse schreiben die Kinder Zahlen von 1 bis 10, 1 bis 20 oder von 1 bis 100 in das Bingofeld. Die genannten Zahlen werden nun entweder durchgestrichen oder mit einem Plättchen abgedeckt (so können mehrere Runden gespielt werden).
Nun wird „Bingo" gespielt: Wer zuerst eine horizontale, vertikale oder diagonale Linie vollhat, gewinnt.

Differenzierung: Es können auch Rechenaufgaben gestellt oder der Vor- und Nachgänger erfragt werden. Die Lösungen müssen im Bingofeld gesucht werden. Für Klasse 1 im Zahlenraum bis 10 eignet sich das Bingofeld mit neun Feldern, ab dem Zahlenraum 20 das Bingofeld mit 16 Feldern.

Tipp: Laminieren Sie die Bingofelder, dann können diese mehrfach verwendet werden (glänzend: abwischbare Folienstifte, matt: Bleistift und Radierer).

Legen Sie die angekreuzte Bingokarte und Stifte auf den Tisch.

Die Kinder erzählen dem Wichtel von einem Mathespiel, das sie immer spielen.

Mathematik

Wichtelbesuch

Lernbereich: Zahlen und Operationen, Zahlzerlegung

S. 34

S. 61/62

Teller, Tassen, Türschild; Tisch, 3 Stühle (s. „Wichteleinzug")

Evtl. Weihnachtsmützen

Im Wichtelland kommen die Wichtel gern zu zweit zu Besuch und zwar so, dass ihre beiden Hausnummern die Hausnummer ergeben, die sie besuchen wollen. Jedem Kind wird eine Zahl zugeteilt. Sie wird auf die Kopiervorlage mit Türschild geschrieben oder die Kinder basteln sich eine Wichtelmütze, auf die sie die Zahl schreiben. An der Tafel hängt eine Wichteltür (tragen Sie die Zielzahl vorher ein oder laminieren Sie sie; so kann sie immer wieder neu eingetragen werden). Die Kinder überlegen, welche Wichtel zu Besuch kommen, und kommen mit ihrer Zahl/Mütze zur Tafel.

Differenzierung: Es wird mit den Zahlen 0 bis 10 oder mit den Zehnerzahlen von 0 bis 100 gespielt.

Tipp: Kopieren Sie die Wichteltür verkleinert und nutzen Sie sie als Arbeitsblätter in der Arbeitsphase.

Bringen Sie die Hausnummer neben der Tür an. Stellen Sie Tassen und Geschirr auf den Tisch.

Die Kinder machen Fotos von sich vor den Wichteltüren. Sie legen dem Wichtel die Fotos (oder ein Tablet, auf dem die Fotos gespeichert sind) vor die Tür.

DaZ & Englisch

Wichtelkommandos/ Gnome commands

Lernbereich: Wortschatz, Bewegung

S. 34/35

S. 63

Wörterbuch DaZ/Englisch; Tisch (s. „Wichteleinzug")

–

Der Wichtel bringt den Schüler*innen eine Spielidee zum Hörverstehen deutscher/englischer Weihnachtsbegriffe mit. Übernehmen Sie die Rolle des Wichtels und nennen Sie einfache Anweisungen auf Deutsch/Englisch, die die Schüler*innen ausführen sollen, z. B. „Springe wie ein Rentier/Jump like a reindeer". Die Kinder sollen die Anweisung nur dann ausführen, wenn sie mit der Formulierung „Unser Wichtel sagt/Our gnome says" beginnt. Wer die Anweisung ohne den Satz ausführt, bekommt einen Minuspunkt oder scheidet aus.

Tipp: Setzen Sie anstelle von „Unser Wichtel sagt/Our gnome says" den Namen des Klassenwichtels ein, z. B. „Nisse sagt/Nisse says". Verwenden Sie ggf. die Bildkarten aus dem Download als Visualisierung.

Legen Sie das Wörterbuch aufgeschlagen auf den Tisch.

Die Kinder schreiben dem Wichtel, wie sie am besten Deutsch/ Englisch lernen.

DaZ & Englisch

Wichtellotto/ Gnome Lottery

Lernbereich: Wortschatz

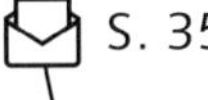

S. 35

S. 64

Lottospiel DaZ/Englisch, Spielkiste; Tisch (s. „Wichteleinzug")

Kleiner Beutel oder Wichtelmütze, evtl. Mugglesteine

Der Wichtel bringt den Kindern ein Wichtellotto zum Üben deutscher/englischer Weihnachtsbegriffe mit. Die Kinder schneiden für ihr Lottospiel die Bildkarten auf der Kopiervorlage aus. Sie wählen sich vier Karten aus und kleben diese auf ihr Spielfeld. Übernehmen Sie die Spielleitung. Nennen Sie die Begriffe auf Deutsch/Englisch. Wer das Bild auf seinem Spielfeld hat, streicht dieses durch oder legt einen Muggelstein darauf. Wer alle 4 Bilder markiert hat, gewinnt.

Hinweise: Weihnachtsmann – Santa, Stern – star, Kerze – candle, Wichtel – gnome, Keks – cookie, Weihnachtskugel – bouble, Glocke – bell, Rentier – reindeer, Geschenk – present, Engel – angel, Weihnachtsbaum – christmas tree, Sack – sack

Tipp: Kopieren Sie die Bildkarten auf der Kopiervorlage als Glückslose. Laminieren Sie sie und schneiden Sie sie aus. Legen Sie sie in einen Beutel.

Legen Sie das Wichtellotto auf den Tisch.

Die Kinder schreiben dem Wichtel, welche deutschen/englischen Weihnachtswörter sie kennen.

Musik

Wichtelklänge

Lernbereich: Musizieren

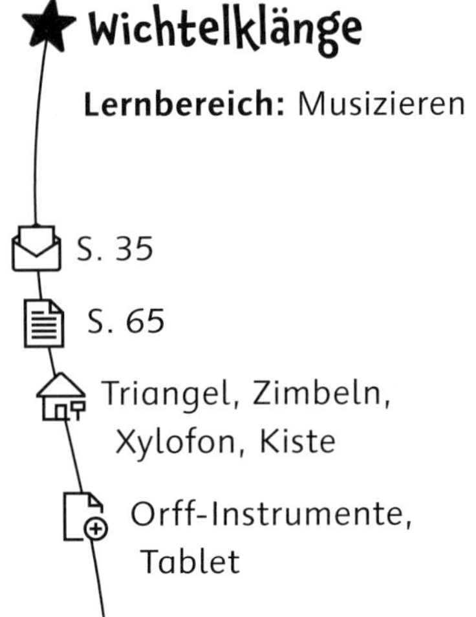

S. 35

S. 65

Triangel, Zimbeln, Xylofon, Kiste

Orff-Instrumente, Tablet

Der Wichtel hat ein Gedicht geschrieben. Die Kinder verklanglichen dieses mit Orff-Instrumenten und nehmen es mit einem Tablet auf. Die Lehrkraft oder eines der Kinder liest den Text.

Tipp: Wie viele und welche Orff-Instrumente den Kindern zur Verfügung gestellt werden, hängt von den vorhandenen Instrumenten und den eigenen Vorlieben ab. Die Kinder können auf der Kopiervorlage notieren oder malen, welche Instrumente sie nutzen wollen.

Differenzierung: Zerteilen Sie das Gedicht in Abschnitte und verteilen Sie es an verschiedene Gruppen.

Stellen Sie die Kiste mit den Orff-Instrumenten vor die Tür.

Die Kinder nehmen ihre Klanggeschichten auf und legen dem Wichtel das Tablet hin, damit er sich die Geschichten anhören kann.

Wichtelmelodien

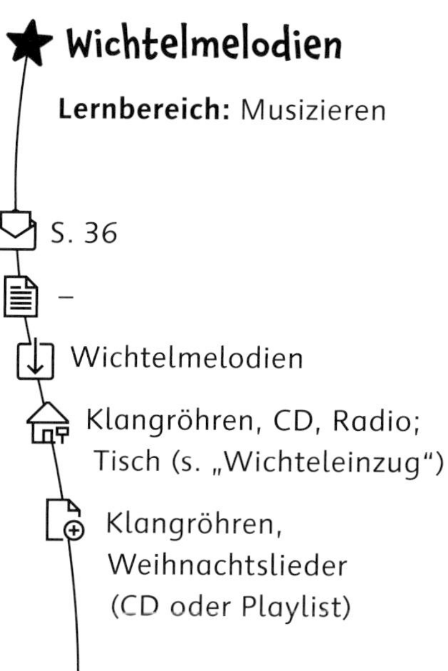

Lernbereich: Musizieren

S. 36

–

Wichtelmelodien

Klangröhren, CD, Radio; Tisch (s. „Wichteleinzug“)

Klangröhren, Weihnachtslieder (CD oder Playlist)

Die Kinder erraten bekannte Weihnachtslieder, indem sie farbige Partituren für Klangröhren (Klangbausteine bzw. Klangglocken) nachspielen.

Hinweis: Teilen Sie die Kinder in 3er- oder 4er-Gruppen ein. Jede Gruppe errät eine Melodie, übt diese ein und spielt sie vor.

1. Schneeflöckchen, Weißröckchen,
2. Lasst uns froh und munter sein,
3. Jingle Bells, 4. Alle Jahre wieder, 5. In der Weihnachtsbäckerei,
6. Morgen kommt der Weihnachtsmann

Tag 1: Legen Sie die Klangröhren vor die Tür.
Tag 2: Legen Sie die CD auf den Tisch.

Die Kinder schreiben dem Wichtel eine Liste mit ihren liebsten Weihnachtsliedern.

Tipp: Erstellen Sie anhand der Lieblingslieder eine Playlist für die Advents- und Weihnachtszeit. Dafür können Sie z. B. einen QR-Code für die Playlist erstellen und in das CD-Album des Wichtels einkleben.

Wichtellied

Lernbereich: Singen, Musik gestalten

S. 36

S. 66

Wichtellied

Gitarre

Evtl. Gitarre, Klangbausteine

Der Wichtel hat den Schüler*innen ein Wichtellied (nach der Melodie von „Bruder Jakob“) zum gemeinsamen Singen mitgebracht. Dazu sollen sie sich passende Bewegungen ausdenken und es gemeinsam singen.

Bewegungsvorschläge:
- *Wichtel:* Geöffnete rechte Hand auf den Kopf setzen, nach rechts oben ziehen und dabei Daumen und Zeigefinger zusammen aufeinander zubewegen
- *Tür:* Zeigefinger über der Körpermitte aneinanderlegen, Bogen nach rechts/links unten ziehen
- *Briefe:* Schreibbewegung mit der Hand
- *Streiche:* Fingerkuppen beider Hände über der Körpermitte aneinandersetzen und ein Herz formen

Tipps: Sie können das Wichtellied als tägliches Ritual vor dem Öffnen der Briefe, ggf. als Kanon, singen. Als Begleitung (z. B. auf der Gitarre) können Sie während des ganzen Liedes F-Dur spielen.

Differenzierung: Die Kinder begleiten das Lied mit den Klangbausteinen auf die Zählzeit 1 zum jeweiligen Zeilenanfang (Kind 1: A und F, Kind 2: C und A). Eine farbige Variante befindet sich im Download.

Lehnen Sie die Gitarre neben die Wichteltür und legen Sie das Notenblatt daneben.

Die Kinder schreiben weitere Strophen und legen sie in den Garten.

Wichtelsport

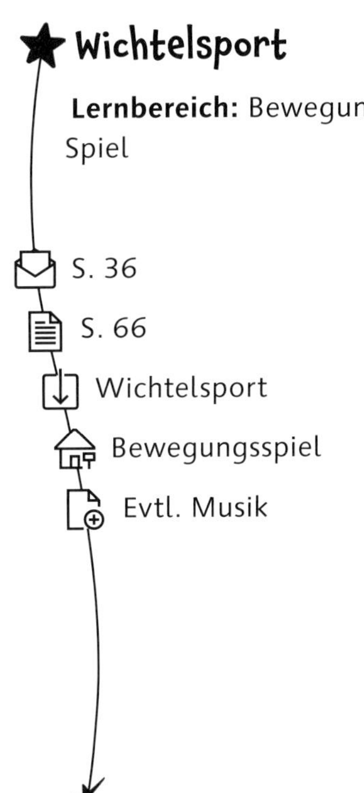

Lernbereich: Bewegung, Spiel

S. 36

S. 66

Wichtelsport

Bewegungsspiel

Evtl. Musik

Der Wichtel bringt den Kindern eine Idee für den Sportunterricht mit. Die Schüler*innen bewegen sich im Raum. Wenn Sie vorher festgelegte Begriffe nennen, müssen die Kinder eine bestimmte Bewegung ausführen.

- *Rentier:* Auf allen vieren laufen
- *Wichteltür:* Zwei Kinder halten ihre Hände über dem Kopf zusammen und zeigen einen Türbogen.
- *Weihnachtsbaum:* Sich so groß wie ein Baum machen
- *Kind:* So klein wie möglich auf den Boden kauern
- *Brief:* Sich auf den Boden setzen und in die Luft schreiben
- *Mütze:* Mit den Händen eine Wichtelmütze über dem Kopf andeuten und durch den Raum schleichen

Differenzierung: Führen Sie bei den ersten Durchgängen erst drei oder vier Kommandos ein, später dann weitere.

Tipps: Kombinieren Sie mit Musik: Während der Musik bewegen sich die Kinder im Raum. Stoppt die Musik, wird das Kommando als Bildkarte gezeigt. Es darf dabei nicht gesprochen werden. Das langsamste Wichtelkind scheidet aus oder muss eine Zusatzaufgabe (z. B. zehn Hampelmänner) machen.

Legen Sie das Bewegungsspiel auf den Boden des Wichtelgartens.

Die Kinder denken sich weitere Bewegungen aus und schreiben diese dem Wichtel.

Wichtelschneemänner

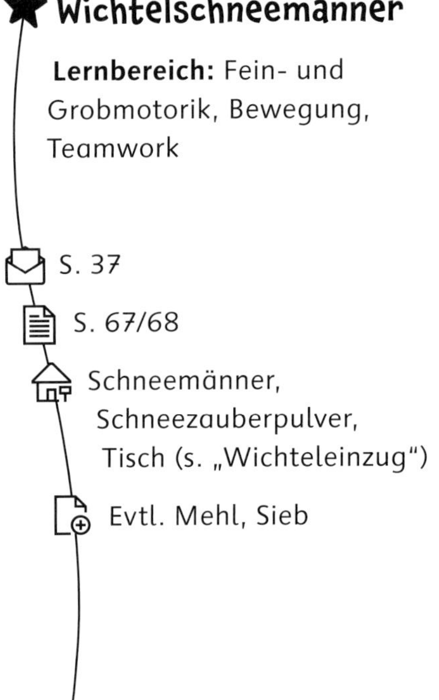

Lernbereich: Fein- und Grobmotorik, Bewegung, Teamwork

S. 37

S. 67/68

Schneemänner, Schneezauberpulver, Tisch (s. „Wichteleinzug")

Evtl. Mehl, Sieb

Der Wichtel schlägt vor, Schneemänner auf dem Schulhof zu bauen. Am nächsten Tag erhalten die Kinder Wichtelurkunden nach verschiedenen Kategorien. Jede Gruppe erhält eine Urkunde und Wertschätzung ihrer Leistung. Spaß, Bewegung und Kreativität sollen im Vordergrund stehen.

Hinweis: Falls kein Schnee liegt, können die Schneemänner auch aus Naturmaterialien gelegt werden (z. B. Äste, Steine, Blätter ...). Ändern Sie den Wichtelbrief und stellen Sie den geschmolzenen Schneemann auf.

Tipp: Personalisieren Sie die Urkunden mit den Namen der Gruppen (Rückseite oder Briefumschlag).

Tag 1: Stellen Sie den Schneemann in den Wichtelgarten und streuen Sie ggf. Mehl mit einem Sieb als Schnee. Legen Sie das Schneezauberpulver daneben.
Tag 2: Legen Sie die Wichtelurkunden auf den Tisch und tauschen Sie den Schneemann durch den geschmolzenen Schneemann aus.

Legen Sie die Fotos der Kinder in den Wichtelgarten.

Wichtelpause

Lernbereich: Entspannung und Konzentration

S. 37

S. 69

Bewegungswürfel

–

Der Wichtel schlägt thematische Bewegungspausen für die Advents- und Weihnachtszeit vor. Es wird gewürfelt, am Plakat die Übung gesucht und ausgeführt.

Differenzierung: Die Kinder denken sich eigene Bewegungen aus oder es werden folgende vorgeschlagen:

- *Rentier:* Abwechselnd die Beine einknicken, nach oben heben und im Wechselschritt springen
- *Tannenbaum:* Sich auf die Zehenspitzen stellen, Arme als Spitze nach oben strecken, Körper anspannen
- *Glocke:* Beine leicht öffnen für guten Stand, mit dem Oberkörper hin- und herschwingen
- *Kranz:* Tief einatmen (ohne die Schultern zu heben) und 4-mal kurz hintereinander kräftig pusten
- *Pyramide:* Sich langsam auf der Stelle drehen
- *Plätzchen:* Mit einem imaginären Nudelholz Teig ausrollen und mit der Hand Plätzchen ausstechen

Tipp: Kopieren Sie die Anweisungen auf DIN A3.

Legen Sie den Bewegungswürfel in den Wichtelgarten.

Machen Sie Fotos/Videos von den ausgedachten Bewegungen und legen Sie sie in den Wichtelgarten.

Kunst & Werken

Wichtelbilder

Lernbereich: Freies Zeichnen, Vorgaben und eigene Ideen umsetzen, Wertschätzung

S. 37

–

Staffelei, Farbkasten, Bilderrahmen, Verkleinerungspulver

Zeichenpapier A5, Klebeband oder Wollfaden

Der Wichtel bittet die Kinder, ein Bild von ihm zu malen. Die Kinder malen anhand einer kurzen Beschreibung aus dem Brief den Wichtel nach ihrer eigenen Vorstellung. Am nächsten Tag bedankt sich der Wichtel für die Bilder der Kinder. Als Überraschung hat er die Bilder mit Zauberpulver kleingezaubert und bei sich im Garten aufgehängt.

Tipp: Verkleinern Sie die gezeichneten Bilder der Kinder auf dem Kopierer. Legen Sie dazu jeweils vier Bilder nebeneinander und kopieren Sie sie mit dem Verkleinerungsfaktor 25 % farbig.

Tag 1: Stellen Sie die Staffelei im Wichtelgarten auf.
Tag 2: Kleben Sie die Bilderrahmen mit Klebeband an die Wand oder hängen Sie sie an einen Wollfaden. Legen Sie die Tüte mit dem Verkleinerungspulver dazu.

Die Bilder werden in den Wichtelgarten gelegt.

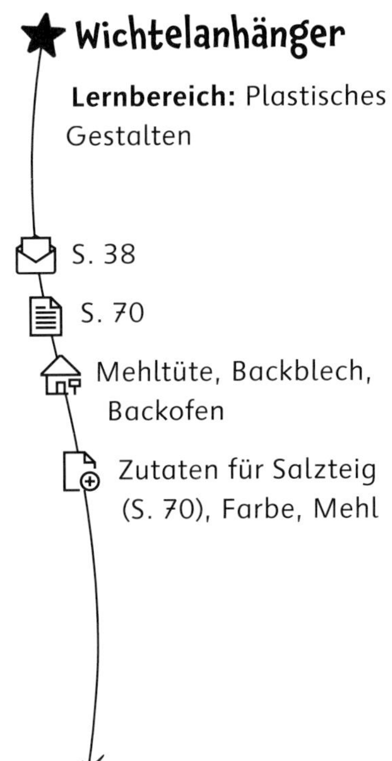

Wichtelanhänger

Lernbereich: Plastisches Gestalten

S. 38

S. 70

Mehltüte, Backblech, Backofen

Zutaten für Salzteig (S. 70), Farbe, Mehl

Der Wichtel regt die Kinder dazu an, aus Salzteig Geschenk- bzw. Baumanhänger anzufertigen.

Tipps: Der Salzteig muss im Ofen getrocknet werden (bei ca. 140 Grad eine Stunde). Alternativ kann der Salzteig mehrere Tage an der Heizung stehen und durchtrocknen (genug Zeit vor Weihnachten einplanen). Mit der Klopfprobe können Sie testen, ob der Salzteig wirklich trocken ist: Klingt er hohl, ist er trocken.

Differenzierung: Die Kinder fertigen den Teig mithilfe der Kopiervorlage selbst an. Alternativ können Sie den Teig mitbringen.

Stellen Sie den Backofen in den Wichtelgarten. Legen Sie die Mehltüte und das Backblech dazu. Verstreuen Sie ggf. etwas Mehl.

Die Kinder schenken dem Wichtel einen ihrer Anhänger.

Wichtelpapier

Lernbereich: Kreatives Gestalten, Drucktechniken

S. 38

S. 71

Geschenkpapier, Schere, Tisch (s. „Wichteleinzug")

1 A3-Papier je Kind, Wasserfarben, Unterlage, Faserstifte, evtl. Zeitungspapier, Geschenkband

Der Wichtel hat in der Nacht das Einpacken der Geschenke geübt und hat für die Schüler*innen eine Idee mitgebracht, wie sie eigenes Geschenkpapier herstellen können. Sie drucken mit ihren Fingern weihnachtliche Figuren und verzieren diese mit Filzstift.

Differenzierung: Die Kinder denken sich eigene weihnachtliche Motive mit Fingerdruck aus.

Tipp: Statt Geschenkpapier können so auch Geschenkkarten gestaltet werden.

Stellen Sie die Geschenkpapierrollen in den Wichtelgarten. Legen Sie ggf. kleine Geschenkbandreste dazu.

Die Kinder packen ein kleines Geschenk für den Wichtel ein und legen es in den Wichtelgarten.

Wichtelzauber

Lernbereich: Freies Zeichnen, Gestalten, genaues Ausmalen

S. 38

–

Wichtelzauber

Zauberpulverregal, Buchstabenschild, Zauberpulver

Glitzer, Buchstabenkekse (z. B. Russisch Brot), Zeitungspapier

Der Wichtel möchte seinen „Essbarkeitszauber" anwenden. Die Kinder sollen dafür ihren Anfangsbuchstaben malen. Sie legen ihr Bild auf ihren Platz und streuen ein bisschen Zauberpulver darüber (z. B. Glitzer). In der Nacht wendet der Wichtel seinen Essbarkeitszauber an. Sammeln Sie dazu die Bilder ein und legen Sie stattdessen einen passenden Buchstabenkeks auf den Platz des Kindes.

Tipps: Die Kinder können ihren Buchstaben z. B. ...

- bunt anmalen
- thematisch gestalten (z. B. zum Thema „Ich", wie Hobbys, Haustiere oder weihnachtliche Motive)
- aus Ton, Knete oder Pfeifenputzern formen
- mit Zuckerkreide auf schwarzen Tonkarton gestalten und trocknen lassen (dazu in einer Schüssel 0,5 l warmes Wasser mit 7 EL Zucker verrühren, bunte Kreide ca. 30 min einweichen lassen, die Kreide mit einem Tuch etwas abtupfen)

Differenzierung: Verwenden Sie die Hohlbuchstaben (s. Download) für die Gestaltung der Anfangsbuchstaben.

Kleben Sie den Wichtelbuchstaben an die Wichteltür und stellen Sie das Regal mit dem Zauberpulver auf.

Die Kinder bedanken sich mit einem Brief bei dem Wichtel.

Wichtelmaler

Lernbereich: Wortschatz, Kreativität, Kommunikation

S. 38

S. 72

Kreidetafel

Tafel, doppelseitiges Klebeband, Weihnachtsmütze

Der Wichtel spielt gern Spiele und hat den Kindern das Spiel „Wichtelmaler" mitgebracht. Es ist die wichtelige Form von „Montagsmaler". Ein Kind zieht einen Begriff und malt diesen an die Tafel. Die anderen Kinder versuchen, das Wort zu erraten. Danach wird gewechselt.

Tipp: Die Wortkarten werden aus einer Weihnachtsmütze gezogen.

Differenzierung: Die abgebildeten Mützen geben den Schwierigkeitsgrad der Wörter an: eine Mütze = lautgetreue Wörter mit einfachen Buchstabenverbindungen, zwei Mützen = schwierigere Buchstabenverbindungen.

Für Klasse 1 können Sie die gezogenen Wörter auch leise vorlesen oder auf einen Sprechstift (z. B. Anybook, Bokkii, Telimero) aufsprechen. Die Kinder können die Wörter dann mit Kopfhörern anhören.

Kleben Sie die Tafel mit doppelseitigem Klebeband im Wichtelgarten an die Wand.

Die Kinder legen dem Wichtel Fotos vor die Tür.

Klassenteam

Wichtelkino

Lernbereich: Wortschatz, Kreativität, Kommunikation

S. 39

–

Fernseher, Sessel, Mandeltüte, Fernbedienung; Kuscheldecke (s. „Wichtelmassage")

Weihnachtsfilm, gebrannte Mandeln

Der Wichtel lädt die Kinder zu einem Weihnachtsfilm ein. Dafür hat er den Kindern gebrannte Mandeln (alternativ Popcorn) mitgebracht.

Tipp: Rezept für gebrannte Mandeln:
200 g ganze Mandeln, 4 EL brauner Zucker, 2,5 EL Wasser, 1 TL Zimt auf einem Teller mischen. 2-mal bei 600 Watt für 2 Minuten in der Mikrowelle erwärmen. Zwischendurch umrühren.

Stellen Sie den Fernseher und den Sessel im Garten auf. Hängen Sie das verkleinerte Bild des Filmes als Kinoplakat dazu.

Die Kinder bedanken sich beim Wichtel für die Mandeln oder schreiben ihm, wie ihnen der Film gefallen hat.

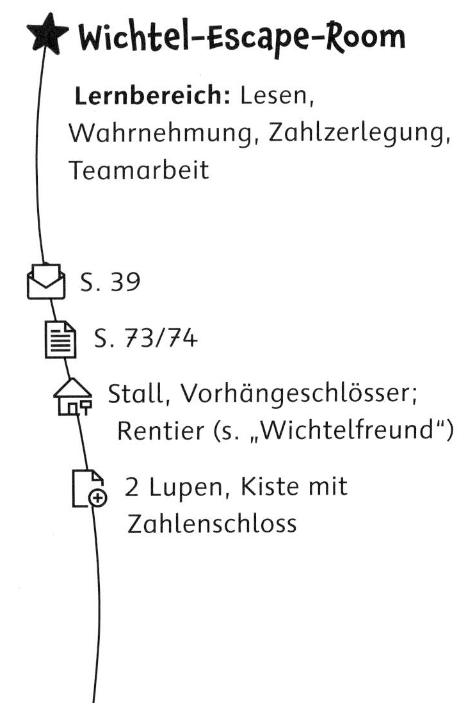

Wichtel-Escape-Room

Lernbereich: Lesen, Wahrnehmung, Zahlzerlegung, Teamarbeit

S. 39

S. 73/74

Stall, Vorhängeschlösser; Rentier (s. „Wichtelfreund")

2 Lupen, Kiste mit Zahlenschloss

Der Wichtel hat den Zahlencode für das Schloss des Rentierstalls verloren. Die Kinder sollen ihm helfen, das Tor zu öffnen, indem sie in Gruppenarbeit ein Escape-Room-Rätsel lösen. Für jedes Rätsel erhalten sie eine Lösungszahl, die sie auf der Karte für den Lösungscode eintragen (Lösung: 7–3–1–6).

Tipp: Stellen Sie für das Rätsel zwei Lupen zur Verfügung. Das erhöht die Motivation und hilft, die Bilder zu erkennen. Nehmen Sie ein richtiges Zahlenschloss, in das der Code zum Öffnen einer Kiste eingegeben werden soll. Nachdem die Kinder den Code eingegeben haben, kann in der Kiste das Rentier oder eine andere Überraschung zu finden sein.

Differenzierung: Alle Aufgaben sind 2-fach differenziert (erkennbar an der Anzahl der Wichtelmützen).

Stellen Sie den Rentierstall in den Wichtelgarten und platzieren Sie das Rentier darin.

Die Kinder legen dem Wichtel den Zahlencode vor die Tür. Der Wichtel hat am nächsten Tag ein kleines Dankeschön für die Kinder bereitgelegt.

Wichtelmassage

Lernbereich: Entspannung, Fantasie, Vertrauen

S. 39

S. 75

Zauberpulver, Kuscheldecke

Evtl. Entspannungsmusik, Glitzerpulver

Der Wichtel hat ein Entspannungswochenende hinter sich und lädt die Kinder zu einer Massage ein.
Die Kinder führen eine Partnermassage durch. Die Massage wird 2-mal durchgeführt, sodass jedes Kind massiert wird.

Tipp: Lesen Sie die Geschichte möglichst langsam vor und machen Sie lange Pausen zwischen den Abschnitten. Im Hintergrund kann Entspannungsmusik laufen.

Legen Sie die Kuscheldecke im Wichtelgarten aus und streuen Sie Zauberpulver darüber.

Die Kinder berichten dem Wichtel von ihrem Massageerlebnis.

Wichtelkomplimente

Lernbereich: Stärkung des Selbstwertgefühls

S. 39

S. 76/77

Lebkuchenherzen

Wichtelmütze

Der Wichtel schreibt den Kindern in einem Brief, wie nett er sie findet. Er meint, dass man sich viel häufiger Komplimente machen sollte, und schlägt den Kindern vor, eine „warme Wichteldusche“ zu nehmen. Dazu setzt sich ein Kind freiwillig in die Mitte des Sitzkreises oder nach vorn und setzt eine Wichtelmütze auf.

Die Kinder machen dem Kind Komplimente und sagen ihm, was sie an ihm besonders mögen. Zur Unterstützung können die Satzanfänge aus der Kopiervorlage genutzt werden.

Tipp: „Komplimente-Wichteln“. Die Kinder ziehen dafür zufällig den Namen eines anderen Kindes. Sie wählen einen oder mehrere Wichtelimpulse aus und schreiben und ergänzen die Wichtelmützen-Karte. Die Karte wird beliebig gestaltet und z. B. zu Nikolaus oder am letzten Schultag vor den Ferien verschenkt.

Hängen Sie die Lebkuchenherzen auf oder legen Sie sie in den Wichtelgarten (auf den Tisch).

Die Kinder schreiben dem Wichtel einen Brief, in dem sie ihm Komplimente machen.

Klassenteam

Wichtelstreit

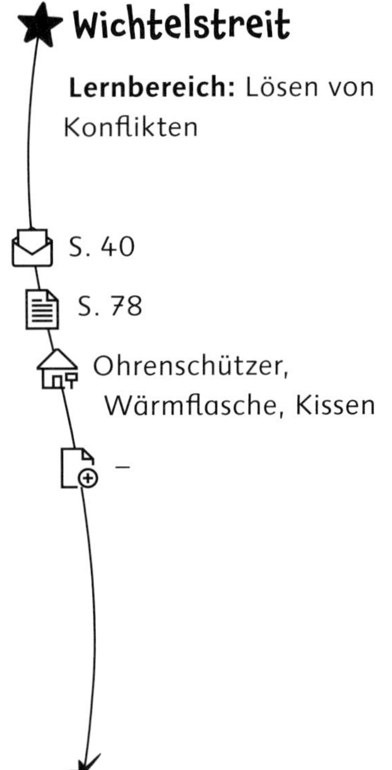

Lernbereich: Lösen von Konflikten

S. 40

S. 78

Ohrenschützer, Wärmflasche, Kissen

–

Der Wichtel beschwert sich, dass er wegen der Streiterei in der Klasse nicht schlafen konnte. Er bittet die Schüler*innen, Konfliktsituationen aus dem Wichtelland in Rollenspielen nachzuspielen und gemeinsam mögliche Lösungen zu finden.

Tipp: Diese Wichtelidee eignet sich besonders, wenn am Tag zuvor wirklich ein Streit in der Klasse stattgefunden hat.

Differenzierung: Die Kinder denken sich eigene Konfliktsituationen aus und spielen mögliche Lösungen.

Legen Sie Ohrenschützer, Wärmflasche und Kissen in den Wichtelgarten.

Die Kinder schreiben dem Wichtel, wie man einen Streit am besten lösen kann.

Wichtelchallenge

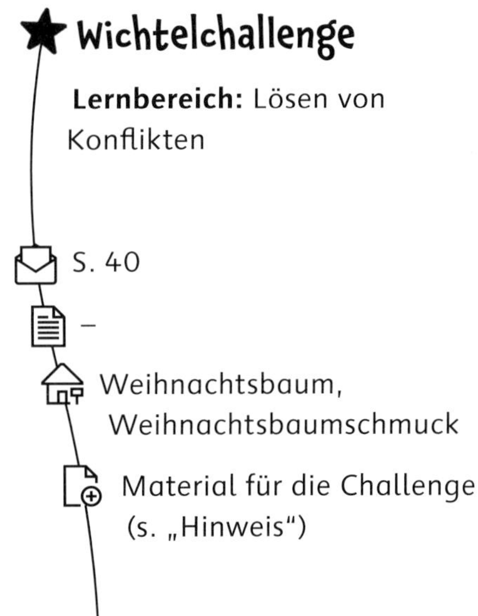

Lernbereich: Lösen von Konflikten

S. 40

–

Weihnachtsbaum, Weihnachtsbaumschmuck

Material für die Challenge (s. „Hinweis")

Der Wichtel hat festgestellt, dass die Klasse noch gar keinen Weihnachtsbaum hat.
Er stellt ihr die Teamaufgabe, aus vorgegebenem Material einen Weihnachtsbaum zu bauen. Dieser soll in 3D sein und von allein stehen können. Das Team mit dem größten Tannenbaum, der diese Bedingungen erfüllt, gewinnt die Challenge.

Hinweis: Für die Challenge arbeiten alle Gruppen mit einem gleichen Material.
Möglich sind z. B.:

- Legosteine
- grüne Pfeifenputzer (Chenilledraht)
- 6 A4-Blätter (wenn möglich grün)
- 1 Zeitung
- 1 Packung Gummidrops und Zahnstocher
- Trinkröhrchen und Knete

Tag 1: Stellen Sie die Kiste mit dem Weihnachtsbaumschmuck vor die Tür.
Tag 2: Stellen Sie den geschmückten Tannenbaum auf.

Die Kinder legen Fotos bzw. die gebauten Tannenbäume in den Wichtelgarten.

Wichtelerinnerungen

Lernbereich: Kreatives Darstellen, freies Schreiben

S. 40

S. 79

Wimpelkette, Wimpel; Koffer (s. „Wichteleinzug")

Wolle, Locher

Der Wichtel wird bald ausziehen. Gemeinsam mit den Kindern möchte er noch mal in Erinnerungen schwelgen. Er bittet sie, eine Wimpelkette mit all den Erlebnissen der vergangenen Wochen zu gestalten.
Die Kinder gestalten allein, in Partnerarbeit oder in Gruppen Wimpeln zu den gemeinsamen Erlebnissen der vergangenen Wochen. Die Wimpel können mithilfe der Knicklinie an ein Band geklebt oder gelocht und aufgezogen werden.

Tipp: Im Plenum werden die Erlebnisse zunächst gesammelt und aufgeteilt. Die Kinder dürfen die Wimpel individuell gestalten. Anschließend können die Wimpel laminiert und auf ein Band aufgezogen werden.

Hängen Sie die Wimpelkette auf, stellen Sie den Koffer vor die Tür und räumen Sie diverse Gegenstände schon weg.

Die Kinder verabschieden sich von dem Wichtel und legen ihm ein Foto der Wimpelkette hin.

Wichtelgrüße

Lernbereich: Abschied nehmen, Fantasie

S. 40

S. 80

Plätzchenteller, Plätzchenkiste, Postkarte; Koffer, Tisch (s. „Wichteleinzug"), Umzugskarton (s. „Wichtelbaustelle")

Geschenkband, farbiges Kopierpapier, Kekse

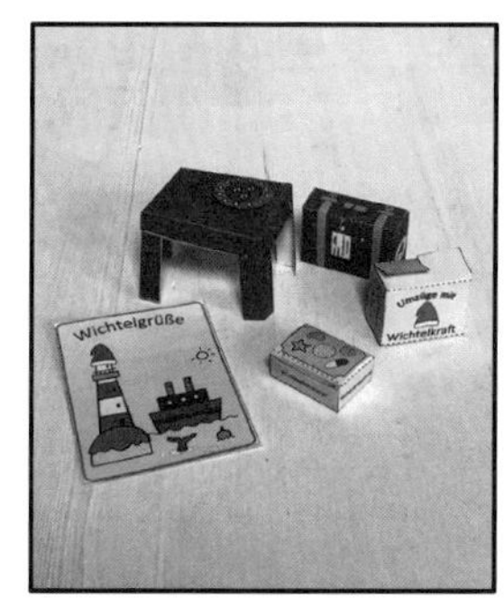

Der Wichtel muss nun vor Weihnachten die Klasse wieder verlassen. Er hinterlässt den Kindern Weihnachtsgrüße und sein Lieblingsrezept für Kekse.

Tipps: Kopieren Sie die Grußkarten auf farbiges Kopierpapier. Knicken Sie sie in der Mitte und kleben Sie sie ggf. zusammen. Verzieren Sie sie mit Geschenkband. Der Gruß wird an eine kleine Tüte mit gebackenen Keksen gehängt.

Weitere Idee: Nach den Weihnachtsferien schickt der Wichtel der Klasse eine Postkarte aus dem Urlaub.

Bauen Sie den Wichtelgarten schon leicht zurück. Koffer und Umzugskarton stehen bereit. Die Wichtelgrüße stehen vor der Wichteltür. Der Wichtel hat selbst genascht und Kekse auf seinem Tisch liegen.

Die Kinder schreiben dem Wichtel einen Abschiedsbrief.

Ideensammlung für kleine Wichtelstreiche

Klassenraum:

- ☐ Tische umstellen
- ☐ Glitzer in die Fächer der Schüler*innen oder auf die Tische streuen
- ☐ Den Lehrertisch mit Keksen vollkrümeln
- ☐ Tafel bemalen (z. B. Bild von Ihnen)
- ☐ Tische mit Weihnachtsaufkleber verzieren
- ☐ Stühle mit Wolle zusammenbinden
- ☐ Weihnachtsdekoration austauschen (z. B. Kerzen im Adventskranz durch Möhren ersetzen, Klopapier als Girlande aufhängen)
- ☐ Statt Weihnachtsdeko Osterdekoration aufstellen
- ☐ Klassentür mit Kreppband verkleben
- ☐ Kunstschnee im Klassenzimmer verteilen
- ☐ Partyzubehör im Klassenraum verteilen (Luftballons, Luftschlangen, Konfetti)
- ☐ Gegenstände mit Wackelaugen bekleben
- ☐ „Bart"/„Brille" auf Bilder für Unterrichtsorganisation (z. B. bei Melden) oder Fotos im Klassenzimmer malen
- ☐ Uhr verstellen
- ☐ Geknackte Nussschalen im Zimmer verstreuen
- ☐ Dinge aus dem Klassenzimmer in Zeitungspapier einpacken (z. B. Tafelschwamm)
- ☐ Auf den Spiegel mit Kreidestift eine Wichtelnachricht schreiben
- ☐ Stifte/Leim von Ausleihstation verstecken oder gegen etwas austauschen (z. B. Löffel)
- ☐ Farbe verschütten
- ☐ Mit Whiteboardstiften eine Wichtelmütze und einen Bart auf den Spiegel malen, sodass die Kinder zum Wichtel werden, wenn sie hineinsehen
- ☐ Das Klassenzimmer mit Klopapier dekorieren
- ☐ Lustige Weihnachtsfiguren an die Tafel kritzeln
- ☐ ....
- ☐ ....
- ☐ ....

Schüler*innen:

- ☐ Hausschuhe tauschen (ggf. in Verbindung mit Nikolaus)
- ☐ Nüsse in die Hausschuhe legen
- ☐ Gummistiefel der Schüler*innen als Schlange aufreihen
- ☐ Matschhosen an Beinen zusammenknoten
- ☐ Namen an der Garderobe vertauschen
- ☐ Hefte/Bücher der Schüler*innen vertauschen
- ☐ Konfetti/Glitzer in korrigierte Schreibhefte/ Arbeitshefte streuen
- ☐ Bücher/Material der Schüler*innen vertauschen
- ☐ Jede Nacht einen Stern auf einen Schülertisch kleben; dieses Kind darf den Adventskalender öffnen
- ☐ ....
- ☐ ....
- ☐ ....

Klassentier:

- ☐ Klassentier verstecken
- ☐ Die Reste einer Teeparty mit dem Klassentier dekorieren
- ☐ Klassentier verschönern (mit Weihnachtsdeko)
- ☐ ....
- ☐ ....
- ☐ ....

Weitere Ideen:

- ☐ Tee/Milch mit Speisefarbe einfärben
- ☐ Das Besteck für das Mittagessen verstecken
- ☐ Schulobst mit Wackelaugen verzieren
- ☐ ....
- ☐ ....
- ☐ ....
- ☐ ....

Wichtelbriefe

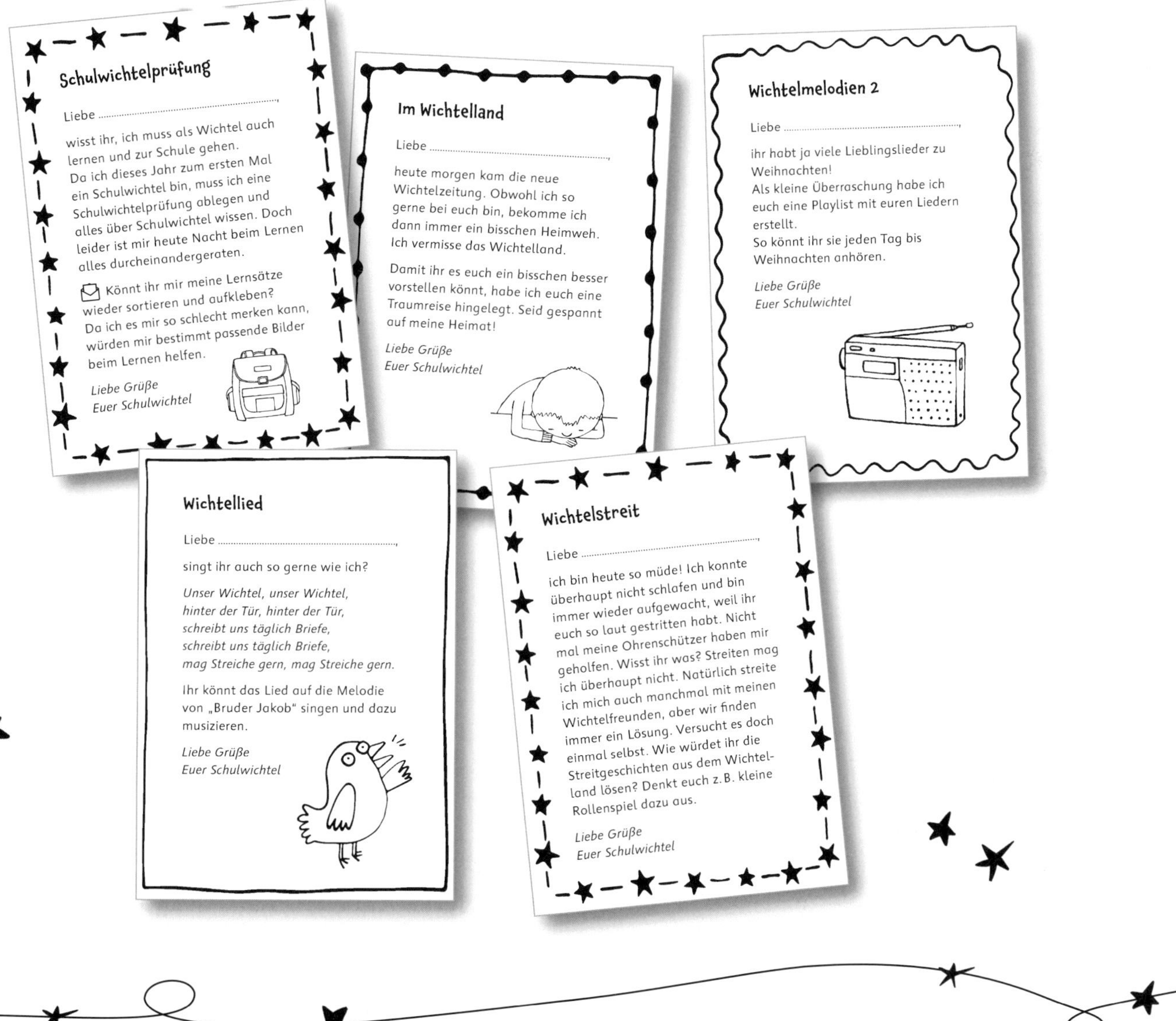

Einzug des Schulwichtels

Wichtelbaustelle

Liebe ....,

endlich bin ich bei euch angekommen! Wundert euch nicht, ich ziehe in den nächsten Tagen bei euch ein. Aber so ein Umzug dauert ein Weilchen. Bitte lasst einfach alles so stehen, ich arbeite vor allem nachts.

Ich bin jetzt schon gespannt darauf, euch kennenzulernen. Vielleicht habt ihr ja schon Lust, mir zu schreiben.

Liebe Grüße
Euer Schulwichtel

Wichteleinzug

Liebe ....,

sicher habt ihr schon meine kleine Wohnung bei euch entdeckt. Ich bin ein Schulwichtel und darf in der Weihnachtszeit in eurem Klassenzimmer wohnen. Ich komme aus Wichtelhausen, ganz in der Nähe vom Nordpol. In der Zeit vor Weihnachten gibt es immer viel zu tun und dabei möchte ich euch helfen. Da ich am Tag schlafe, werden wir uns nicht sehen können. Aber ihr könnt mir gerne Briefe schreiben. Zusammen werden wir eine tolle und aufregende Zeit haben!

Liebe Grüße
Euer Schulwichtel

Wichtellicht

Liebe ....,

ich bin ja so aufgeregt. Ich bin zum Schulwichtel ernannt worden und darf nun zur Weihnachtszeit in ein Klassenzimmer einziehen. Aber leider weiß ich noch gar nicht, wohin ich gehen kann. Es ist nämlich so, dass ich nur kommen darf, wenn ich von einer Klasse gerufen werde.

Wenn ihr wollt, dass ich bei euch einziehe, stellt einfach Wichtellaternen ins Fenster. Dann sehe ich in der Nacht eure Lichter leuchten und weiß, dass ich bei euch willkommen bin.

Liebe Grüße
Euer Schulwichtel

Wichtelsteckbrief

Liebe ....,

ich freue mich sehr, bei euch in der Klasse eingezogen zu sein. Da ihr mich nicht sehen könnt, habe ich euch einen Steckbrief von mir mitgebracht. So könnt ihr mich ein bisschen besser kennenlernen.

Könnt ihr auch Steckbriefe ausfüllen und sie mir hinlegen? Ich bin so gespannt darauf, euch kennenzulernen.

Liebe Grüße
Euer Schulwichtel

Wichtelrennen

Liebe ....,

gestern Nacht waren meine Wichtelfreundinnen und -freunde zu Besuch und wir haben ein Schlittenrennen gemacht. Natürlich habe ich den 1. Platz gewonnen. Habt ihr Lust auf ein Schlittenrennen im Klassenzimmer?

Spurt die Strecke auf meiner Rodelbahn so schnell wie möglich nach. Stoppt die Zeit, wie lange ihr für 3 Runden braucht. Aber Achtung: Jedes Mal, wenn ihr über die Strecke gemalt habt, gibt es eine Strafsekunde. Ich wünsche euch viel Spaß!

Liebe Grüße
Euer Schulwichtel

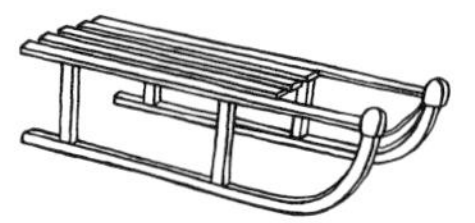

Wichtelwünsche

Liebe ....,

so langsam rückt Weihnachten näher. Was wünscht ihr euch eigentlich?

Mit meinem Vergrößerungszauber habe ich euch heute Nacht Wunschzettelvorlagen vergrößert. Wenn ihr sie ausfüllt, kann ich sie wieder verkleinern und für euch wegschicken.

✉ Ich bin gespannt auf eure Wünsche!

Liebe Grüße
Euer Schulwichtel

Wichtelgedicht

Liebe ....,

In der Weihnachtszeit
habe ich Spaß mit den Kindern.
Wir schreiben Briefe und lachen viel.
In der Weihnachtszeit
überlege ich mir Aktionen für euch
und helfe bei den
Weihnachtsvorbereitungen.
In der Weihnachtszeit
habe ich Spaß mit den Kindern.

Heute Nacht ist mir dieses Gedicht in den Kopf gekommen. Ich hoffe es gefällt euch.

✉ Vielleicht habt ihr ja auch Lust, ein Gedicht zu schreiben.

Liebe Grüße
Euer Schulwichtel

Wichtelgeschichte

Liebe ....,

ich liebe Rätsel. Wenn ich nachts hier rumsitze und nichts mehr zu tun habe, nehme ich mir mein Rätselheft und suche mir ein besonders kniffliges Rätsel heraus. Und weil ich so großen Spaß daran habe, habe ich euch heute auch ein Rätsel in Form eines Lesespaziergangs mitgebracht.

✉ Schreibt mir doch gerne zurück, ob ich euch begeistern konnte.

Liebe Grüße
Euer Schulwichtel

Schulwichtelprüfung

Liebe ....,

wisst ihr, ich muss als Wichtel auch lernen und zur Schule gehen. Da ich dieses Jahr zum ersten Mal ein Schulwichtel bin, muss ich eine Schulwichtelprüfung ablegen und alles über Schulwichtel wissen. Doch leider ist mir heute Nacht beim Lernen alles durcheinandergeraten.

Könnt ihr mir meine Lernsätze wieder sortieren und aufkleben? Da ich es mir so schlecht merken kann, würden mir bestimmt passende Bilder beim Lernen helfen.

Liebe Grüße
Euer Schulwichtel

Wichtelpost

Liebe ....,

ich liebe Briefe. Ich schreibe sie selbst so gerne und lese gerne Briefe von Kindern. Ich freue mich immer, wenn ich neue Post in meinem Briefkasten habe.

Schreibt mir bitte viele Briefe. Mich interessiert sehr, was ihr so erlebt, worüber ihr euch freut oder was euch manchmal auch bedrückt. Wenn ihr von mir eine Antwort haben wollt, malt einfach so einen kleinen Umschlag auf euren Brief. Ich bin gespannt!

Liebe Grüße
Euer Schulwichtel

Wichtellesezeit

Liebe ....,

gestern habe ich ein tolles Buch gelesen! Wusstet ihr, dass ich Geschichten liebe? Wenn ich nachts Zeit habe, setze ich mich an meinen Lieblingsplatz und lese eine schöne Geschichte.

Ich habe euch das Buch vergrößert, damit eure Lehrerin oder euer Lehrer es euch vorlesen kann. Schreibt mir gerne, wie ihr es findet, oder malt ein Bild dazu.

Liebe Grüße
Euer Schulwichtel

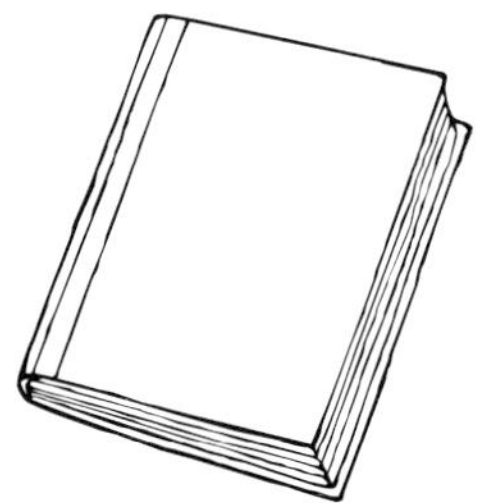

Im Wichtelland

Liebe ....,

heute morgen kam die neue Wichtelzeitung. Obwohl ich so gerne bei euch bin, bekomme ich dann immer ein bisschen Heimweh. Ich vermisse das Wichtelland.

Damit ihr es euch ein bisschen besser vorstellen könnt, habe ich euch eine Traumreise hingelegt. Seid gespannt auf meine Heimat!

Liebe Grüße
Euer Schulwichtel

Wichtelfotos

Liebe ………………………………………………………,

was kennt ihr eigentlich an Weihnachtsbräuchen? Ich bin schon viel in der Welt herumgekommen und habe ganz verschiedene Bräuche kennengelernt. Eure kenne ich noch nicht so genau und habe alle fotografiert, die ich gesehen habe. Vielleicht habt ihr Lust, über die Bräuche zu sprechen oder mit den Karten Spiele zu spielen.

Berichtet mir doch gerne, was ihr mit den Karten gemacht habt. Welcher ist euer liebster Weihnachtsbrauch?

Liebe Grüße
Euer Schulwichtel

Wichtelfreund

Liebe ………………………………………………………,

oje, oje! Heute Nacht ist mein Rentier Rudi verschwunden. Ich habe schon überall gesucht. Es hat sich bestimmt verlaufen. Könnt ihr mir beim Suchen helfen? Wenn ihr es gefunden habt, bringt es bitte zurück in meinen Garten und füttert es regelmäßig.

Ach so, wisst ihr eigentlich, wie ein Rentier aussieht und was es frisst? Ich habe die wichtigsten Informationen über Rentiere für euch herausgesucht.

Liebe Grüße
Euer Schulwichtel

Wichtelerkältung

Liebe ………………………………………………………,

haaatschieeee! Haaatschieeee! Oje, mich hat es richtig erwischt. Ich huste und schniefe vor mich hin. Hoffentlich stecke ich euch nicht an. Wisst ihr eigentlich, wie ihr euch und andere Menschen mit einer Erkältung ansteckt und was ihr dagegen tun könnt? Ich habe mir für euch kleine Experimente ausgedacht, damit ihr mehr darüber herausfinden könnt. Dazu braucht ihr mein Zauberpulver.

Könnt ihr mir heute einen Tee kochen? Ich fühle mich einfach zu schwach.

Liebe Grüße
Euer Schulwichtel

Wichtelfreude

Liebe ………………………………………………………,

heute ist ein besonderer Tag. Mein Freund Nikolaus kommt in die Menschenwelt und macht den Kindern eine kleine Freude. Hattet ihr auch etwas in euren Schuhen? Wie wäre es, wenn ihr es heute wie Nikolaus macht und jemand anderem auch eine kleine Freude macht? Das muss nichts Gekauftes sein, sondern kann z. B. auch eine gute Tat oder eine besondere Überraschung sein.

Schreibt mir gerne, wem ihr eine Freude gemacht habt und wie er oder sie reagiert hat.

Liebe Grüße
Euer Schulwichtel

Wichtel-Outfit

Liebe ....,

ich möchte mich mit meinen Wichtelfreundinnen und -freunden treffen. Um schick zu sein, habe ich meine Kleidung gewaschen. Doch nun weiß ich gar nicht, was ich anziehen soll. Könnt ihr mir helfen? Wie viele Möglichkeiten gibt es, meine Kleidungsstücke miteinander zu kombinieren? Ich liebe es besonders bunt. Bei einem Outfit darf keine Farbe doppelt sein.

Schreibt oder malt mir, welche Kombination euch am besten gefällt.

Liebe Grüße
Euer Schulwichtel

Wichtelbingo

Liebe ....,

heute habe ich euch eines meiner liebsten Spiele mitgebracht: Wichtelbingo. Kennt ihr das Spiel? In die Felder müsst ihr Zahlen von 0–10 oder 0–100 eintragen. Danach werden unterschiedliche Zahlen genannt. Wer zuerst eine Reihe vollhat, hat gewonnen. Probiert es doch mal aus. Viel Spaß!

Welche Spiele spielt ihr, die mit Zahlen zu tun haben?

Liebe Grüße
Euer Schulwichtel

Wichtelbesuch

Liebe ....,

bei mir im Wichtelland besuchen sich die Wichtel gerne zu zweit gegenseitig. Sie achten dabei oft auf die Hausnummer. So besuchen die Wichtel der Häuser 2 und 8 zum Beispiel den Wichtel, der im Haus mit der Hausnummer 10 wohnt. Ich habe euch die Hausnummern mitgebracht. Spielt solche Wichtel-Besuche doch mal nach.

Vielleicht habt ihr Lust, ein paar Fotos von euren Besuchen zu machen. Ich bin gespannt, wie ihr ausseht.

Liebe Grüße
Euer Schulwichtel

Wichtelstraße
10

Wichtelkommandos

Liebe ....,

ich liebe es, deutsche Wörter zu lernen. Im Wichtelland spielen wir „Wichtelkommando“. Die Spielleitung sagt zum Beispiel: „Unser Wichtel sagt: Springe wie ein Rentier.“ Dann müssen das alle tun. Aber Achtung, wenn mein Name nicht genannt wird, sondern nur „Springe wie ein Rentier“, darf man sich nicht bewegen. Wenn doch, scheidet man aus. Da ich leider nicht mit euch zusammen spielen kann, habe ich euch Bildkarten mitgebracht. Ihr könnt sie nutzen, um die Wörter zu lernen oder im Spiel zu zeigen.

Liebe Grüße
Euer Schulwichtel

Gnome Commands

Liebe ....,

ich liebe es, englische Wörter zu lernen. Im Wichtelland spielen wir dazu „Our gnome says". Die Spielleitung sagt zum Beispiel: „Our gnome says: Jump like a reindeer", dann müssen das alle tun. Aber Achtung, wenn mein Name nicht genannt wird, sondern nur „jump like a reindeer", darf man sich nicht bewegen. Wenn doch, scheidet man aus.
Da ich leider nicht mit euch zusammen spielen kann, habe ich euch Bildkarten mitgebracht.
Ihr könnt sie nutzen, um die Wörter zu lernen oder im Spiel zu zeigen.

Liebe Grüße
Euer Schulwichtel

Wichtellotto

Liebe ....,

heute Nacht waren meine Wichtelfreundinnen und -freunde zu Besuch und wir haben gemeinsam ein Wichtellotto gespielt.
Jeder und jede bekommt eine Lottofeld.
Dann werden Bilder gezogen und gesagt, wie das Wort auf Deutsch genannt wird.
Findet ihr das Bild auf eurem Lottofeld, dürft ihr es ankreuzen oder etwas darauflegen.
Wer als Erstes seine 4 Felder abgedeckt hat, hat gewonnen.

Liebe Grüße
Euer Schulwichtel

Gnome Lottery

Liebe ....,

heute Nacht waren meine Wichtelfreundinnen und -freunde zu Besuch und wir haben gemeinsam ein Wichtellotto gespielt.
Jeder und jede bekommt eine Lottofeld.
Dann werden Bilder gezogen und gesagt, wie das Wort auf Englisch genannt wird.
Findet ihr das Bild auf eurem Lottofeld, dürft ihr es ankreuzen oder etwas darauflegen.
Wer als Erstes seine 4 Felder abgedeckt hat, hat gewonnen.

Liebe Grüße
Euer Schulwichtel

Wichtelklänge

Liebe ....,

mir ist heute Nacht ein Gedicht in den Kopf gekommen. Lest es doch mal gemeinsam. Wusstet ihr, dass ich Musik und Klänge total gerne mag? Ich habe euch Musikinstrumente mitgebracht. Ich fände es toll, wenn ihr mein Gedicht verklanglichen würdet.

Ich würde mich freuen, wenn ihr eure Klanggeschichte aufnehmen und mir das Tablet dalassen würdet. Dann kann ich es mir noch mal anhören.

Liebe Grüße
Euer Schulwichtel

Wichtelmelodien 1

Liebe ....,

ich habe euch heute meine liebsten Weihnachtslieder als Rätsel mitgebracht.
Findet ihr heraus, welche das sind?
Spielt dazu die Melodien mit Klangröhren nach.

Ich würde mich freuen, wenn ihr mir schreibt, welche Lieder ihr gerne in der Weihnachtszeit singt.

Liebe Grüße
Euer Schulwichtel

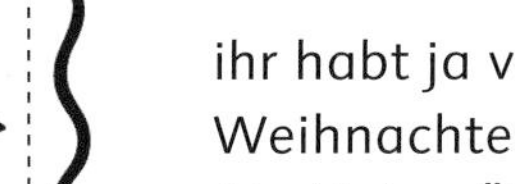

Wichtelmelodien 2

Liebe ....,

ihr habt ja viele Lieblingslieder zu Weihnachten!
Als kleine Überraschung habe ich euch eine Playlist mit euren Liedern erstellt.
So könnt ihr sie jeden Tag bis Weihnachten anhören.

Liebe Grüße
Euer Schulwichtel

Wichtellied

Liebe ....,

singt ihr auch so gerne wie ich?

Unser Wichtel, unser Wichtel,
hinter der Tür, hinter der Tür,
schreibt uns täglich Briefe,
schreibt uns täglich Briefe,
mag Streiche gern, mag Streiche gern.

Ihr könnt das Lied auf die Melodie von „Bruder Jakob“ singen und dazu musizieren.

Liebe Grüße
Euer Schulwichtel

Wichtelsport

Liebe ....,

im Wichtelland vertreiben wir uns gerne die Zeit mit lustigen Sportspielen. Mein liebstes Spiel ist dieses: Ein Wichtel hat das Kommando. Alle anderen Wichtel laufen umher. Es gibt verschiedene Kommandos, wie „Wichtel“, „Zauberpulver“ oder „Rentier“. Sobald der Wichtel ein Wort ruft oder ein Bild zeigt, müssen wir so schnell wie möglich eine bestimmte Bewegung machen. Das macht immer sehr viel Spaß. Damit ihr es heute nachspielen könnt, habe ich euch die Spielanleitung mitgebracht.

Liebe Grüße
Euer Schulwichtel

Wichtelschneemänner

Liebe ....,

heute Nacht war ich auf eurem Schulhof unterwegs. Und was habe ich gesehen? Kein Schneemann weit und breit, obwohl es geschneit hat … Im Wichtelland bauen wir immer die tollsten und kreativsten Schneemänner. Ich bekomme gleich Heimweh, wenn ich daran denke. Habt ihr nicht Lust, mir wichtelige Schneemänner zu bauen, damit ich nicht so traurig bin?
Eure Schneemänner werden bestimmt wichtelschön!
Viel Spaß beim Bauen!

Liebe Grüße
Euer Schulwichtel

Wichtelpause

Liebe ....,

die Weihnachtsvorbereitungen sind ganz schön anstrengend. Meistens nasche ich dann ein wenig. Um fit zu bleiben, mache ich zwischendurch gerne etwas Weihnachtssport.
Damit mir der Sport nicht zu langweilig wird, habe ich mir passende Weihnachtsübungen ausgedacht.
Vielleicht habt ihr ja Lust, sie auch einmal in einer Wichtelpause auszuprobieren?

Liebe Grüße
Euer Schulwichtel

Wichtelbilder 1

Liebe ....,

leider können wir uns nicht sehen. Wenn mich ein Mensch sieht, verliere ich meine Zauberkräfte. Ich habe versucht, mich zu malen, aber ich bin kein guter Maler.

Ich würde mich sehr freuen, wenn ihr ein Bild von mir malt. Meine Tipps:

- Ich bin eher klein.
- Ich habe große Knopfaugen.
- Ich habe zottelige Haare.
- Meine Kleidung ist weihnachtlich.
- Ich esse gerne viele Süßigkeiten.

Liebe Grüße
Euer Schulwichtel

Wichtelbilder 2

Liebe ....,

vielen Dank für eure tollen Bilder! Das sind ja richtige Kunstwerke geworden!
Wie habe ich gestaunt, dass ihr alle so gut malen könnt. Ich finde, ihr habt mich richtig gut getroffen.
Habt ihr eure Bilder schon entdeckt? Ich habe sie mir mit Zauberpulver kleingezaubert.

Liebe Grüße
Euer Schulwichtel

Wichtelanhänger

Liebe ....,

Weihnachten rückt immer näher. Habt ihr schon Geschenke besorgt? Vielleicht habt ihr Lust, Geschenkanhänger aus Salzteig herzustellen. Ich habe euch das Rezept dagelassen.

Ich würde mich auch sehr über einen kleinen Anhänger von euch freuen.

Liebe Grüße
Euer Schulwichtel

Wichtelpapier

Liebe ....,

heute Nacht habe ich das Geschenkeeinpacken geübt. Es ist ja bald Weihnachten und ich muss dem Weihnachtsmann dabei helfen können.
Möchtet ihr auch etwas zu Weihnachten verschenken?
Ich habe euch dafür eine Idee für eigenes Geschenkpapier mitgebracht.
Ob ich auch ein Geschenk bekommen werde?

Liebe Grüße
Euer Schulwichtel

Wichtelzauber

Liebe ....,

wisst ihr eigentlich, dass ich auch einen „Essbarkeitszauber" habe? Malt heute doch mal euren Anfangsbuchstaben auf ein A4-Blatt und schaut, was ich über Nacht geschehen lassen kann. Ich habe euch etwas von meinem Zauberpulver bereitgelegt. Streut es schon mal darüber.

Liebe Grüße
Euer Schulwichtel

Wichtelmaler

Liebe ....,

gestern Nacht habe ich mich mit einigen anderen Wichteln getroffen. Wir haben einen Spielabend veranstaltet. Kennt ihr das Spiel „Wichtelmaler"?
Ich habe euch die Karten mit meinem Vergrößerungszauber vergrößert und mitgebracht. Viel Spaß beim Spielen!

Liebe Grüße
Euer Schulwichtel

Wichtelkino

Liebe ....,

heute habe ich eine besondere Überraschung für euch.
Ich lade euch zu einem meiner Lieblingsweihnachtsfilme ein.
Um euch das Filmschauen noch zu versüßen, habe ich euch eine kleine Leckerei mitgebracht.
Ihr dürft euch gerne bedienen.

Liebe Grüße
Euer Schulwichtel

Wichtel-Escape-Room

Liebe ....,

gestern Nacht war es sehr windig. Die Tür vom Rentierstall ist immer wieder aufgegangen. Deswegen habe ich ein Schloss davorgehängt. Nun fällt mir die Kombination nicht mehr ein. Könnt ihr mir helfen? Mit den Rätseln des Escape-Rooms sollten wir es schaffen, das Schloss zu öffnen.

Der Code ist:

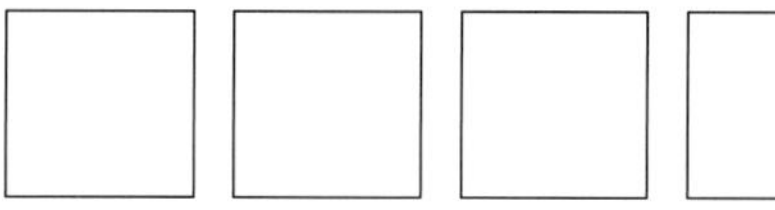

Liebe Grüße
Euer Schulwichtel

Wichtelmassage

Liebe ....,

gestern Nacht habe ich mir ein bisschen Entspannung gegönnt. Ich war in der Sauna, habe mich massieren lassen und ganz viel ausgeruht.
Weil mir die Massage so gut gefallen hat, habe ich euch auch eine Massage mitgebracht. Ihr könnt sie immer zu zweit durchführen.
Viel Spaß und entspannt euch gut!

Liebe Grüße
Euer Schulwichtel

Wichtelkomplimente

Liebe ....,

nun bin ich schon einige Zeit bei euch. Ich möchte euch sagen, dass ich euch total nett finde! Ihr seid immer so hilfsbereit und ich habe jede Menge Spaß mit euch. Ihr seid alle ganz unterschiedlich und jeder und jede von euch ist wunderbar.
Findet ihr nicht, dass man sich häufiger sagen sollte, was man aneinander mag? Ich habe euch Wichtelmützen mit Satzanfängen dagelassen. Gönnt euch doch mal eine „warme Dusche".

✉ Und vielleicht habt ihr ja auch Lust, mir zu schreiben, was ihr an mir mögt, oder euch Lebkuchenherzen zu basteln.

Liebe Grüße
Euer Schulwichtel

Klassenteam, Auszug des Schulwichtels

Wichtelstreit

Liebe ....,

ich bin heute so müde! Ich konnte überhaupt nicht schlafen, weil ihr euch so laut gestritten habt. Nicht mal meine Ohrenschützer haben mir geholfen. Wisst ihr was? Streiten mag ich überhaupt nicht. Natürlich streite ich mich auch mit meinen Wichtelfreundinnen und -freunden, aber wir finden immer ein Lösung. Versucht es doch einmal selbst. Wie würdet ihr die Streitgeschichten aus dem Wichtelland lösen? Denkt euch zum Beispiel kleine Rollenspiele dazu aus.

Liebe Grüße
Euer Schulwichtel

Wichtelchallenge

Liebe ....,

Weihnachten rückt immer näher und ich habe gesehen, dass ihr immer noch keinen Tannenbaum in eurer Klasse stehen habt. Deshalb habe ich eine besondere Aufgabe für euch. Baut mit dem Material, das ich euch heute Nacht bereitgelegt habe, den größten Weihnachtsbaum.

Euer Baum muss ...

- 3D sein,
- von allein stehen können,
- so groß wie möglich sein.

Ich bin schon gespannt, welche Gruppe von euch diese Challenge gewinnt.

Liebe Grüße
Euer Schulwichtel

Wichtelerinnerungen

Liebe ....,

bald ist schon Weihnachten. Leider muss ich euch dann wieder verlassen. Aber haben wir nicht tolle Erlebnisse miteinander gehabt?

Ich liebe Wimpelketten und Girlanden. Vielleicht habt ihr ja Lust, eine Wimpelkette mit unseren Erlebnissen zu gestalten. Lasst mir doch ein Foto da, damit ich mich immer an euch erinnere.

Liebe Grüße
Euer Schulwichtel

Wichtelgrüße

Liebe ....,

Weihnachten rückt nun immer näher und es ist Zeit für mich, hier wieder auszuziehen. Danke für diese tolle Zeit! Ich werde sie mit all den Erinnerungen immer in meinem Herzen tragen und oft an euch denken. Vielleicht treffen wir uns mal wieder! Ich werde auf alle Fälle an euch denken.

Ich habe euch mein Lieblingsrezept für Kekse dagelassen. Vielleicht habt ihr Weihnachten Lust, welche zu backen. Bis ganz bald!

Liebe Grüße
Euer Schulwichtel

Kopiervorlagen

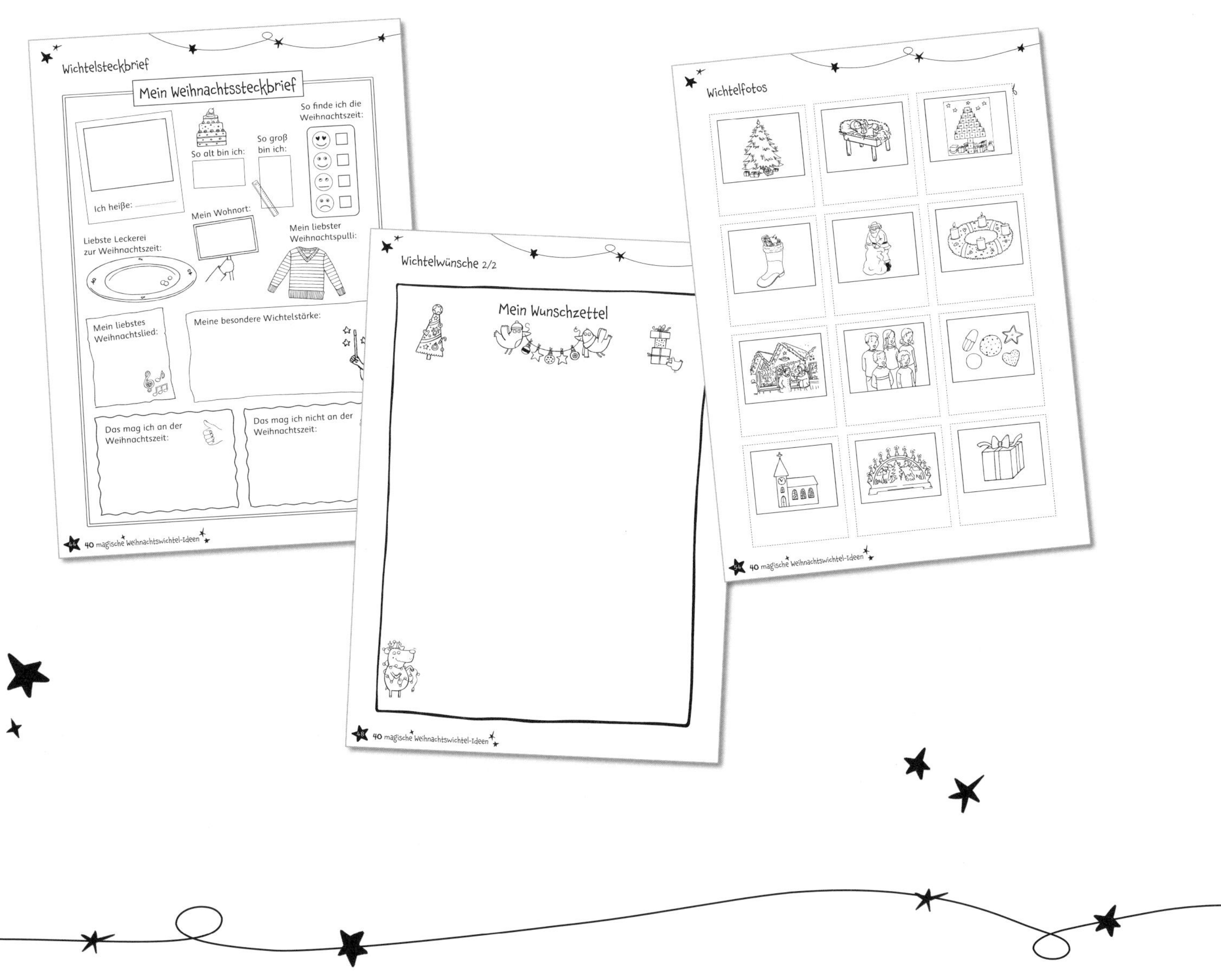

Wichtelbriefumschläge

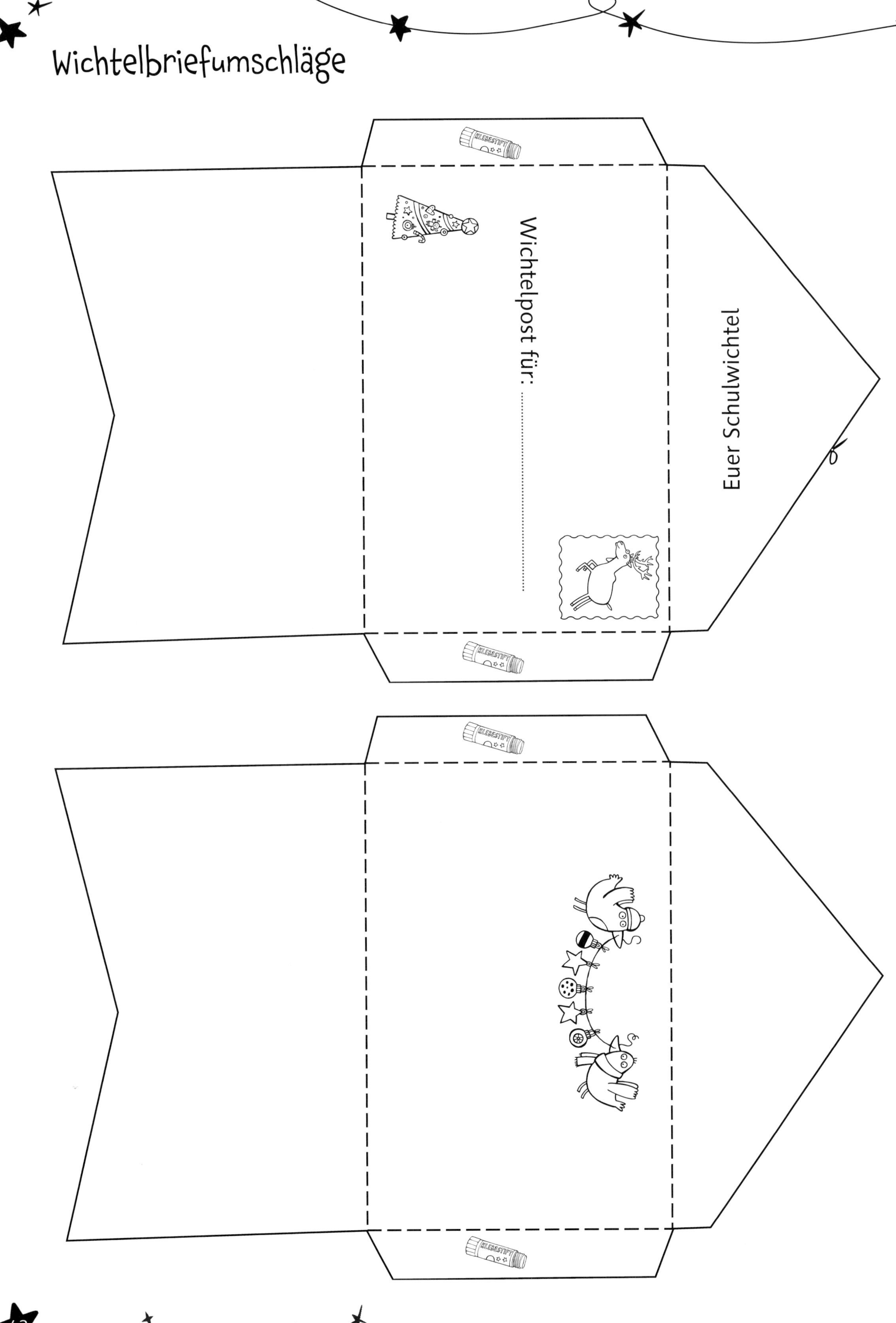

Wichtellicht

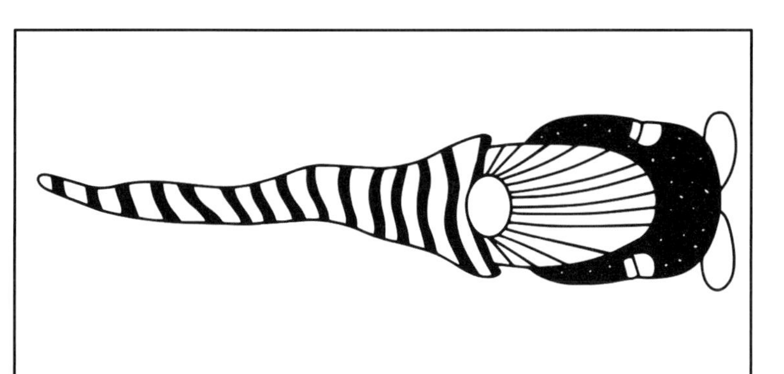

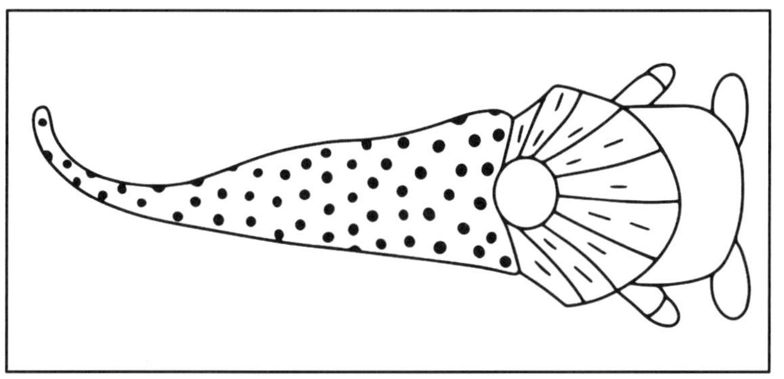

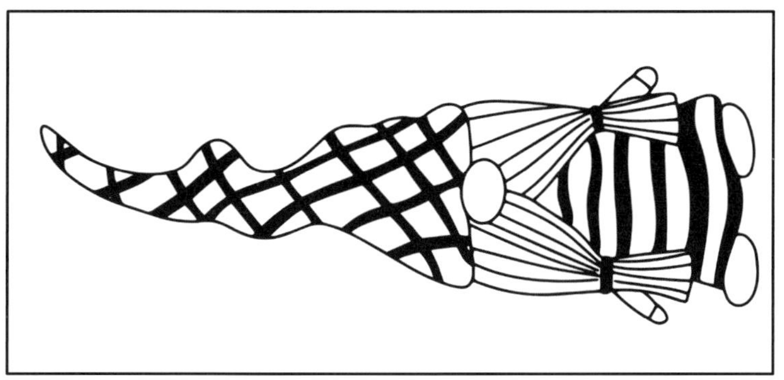

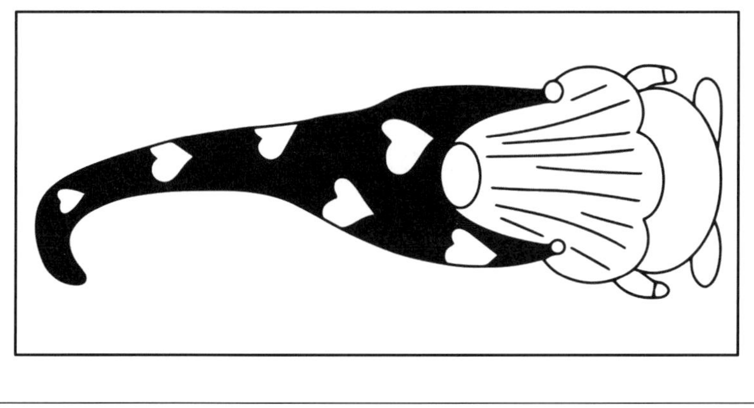

Male aus.

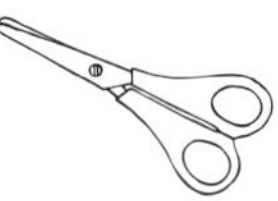

Schneide aus.

Streiche die Rückseite mit wenig Öl ein.

Warte, bis es trocken ist.

Falte die Linien.

Klebe das Licht zusammen.

Stelle ein Teelicht in die Laterne.

Mein Weihnachtssteckbrief

Ich heiße: ....

So alt bin ich:

So groß bin ich:

So finde ich die Weihnachtszeit:

Mein Wohnort:

Liebste Leckerei zur Weihnachtszeit:

Mein liebster Weihnachtspulli:

Mein liebstes Weihnachtslied:

Meine besondere Wichtelstärke:

Das mag ich an der Weihnachtszeit:

Das mag ich nicht an der Weihnachtszeit:

Wichtelrennen 1/2

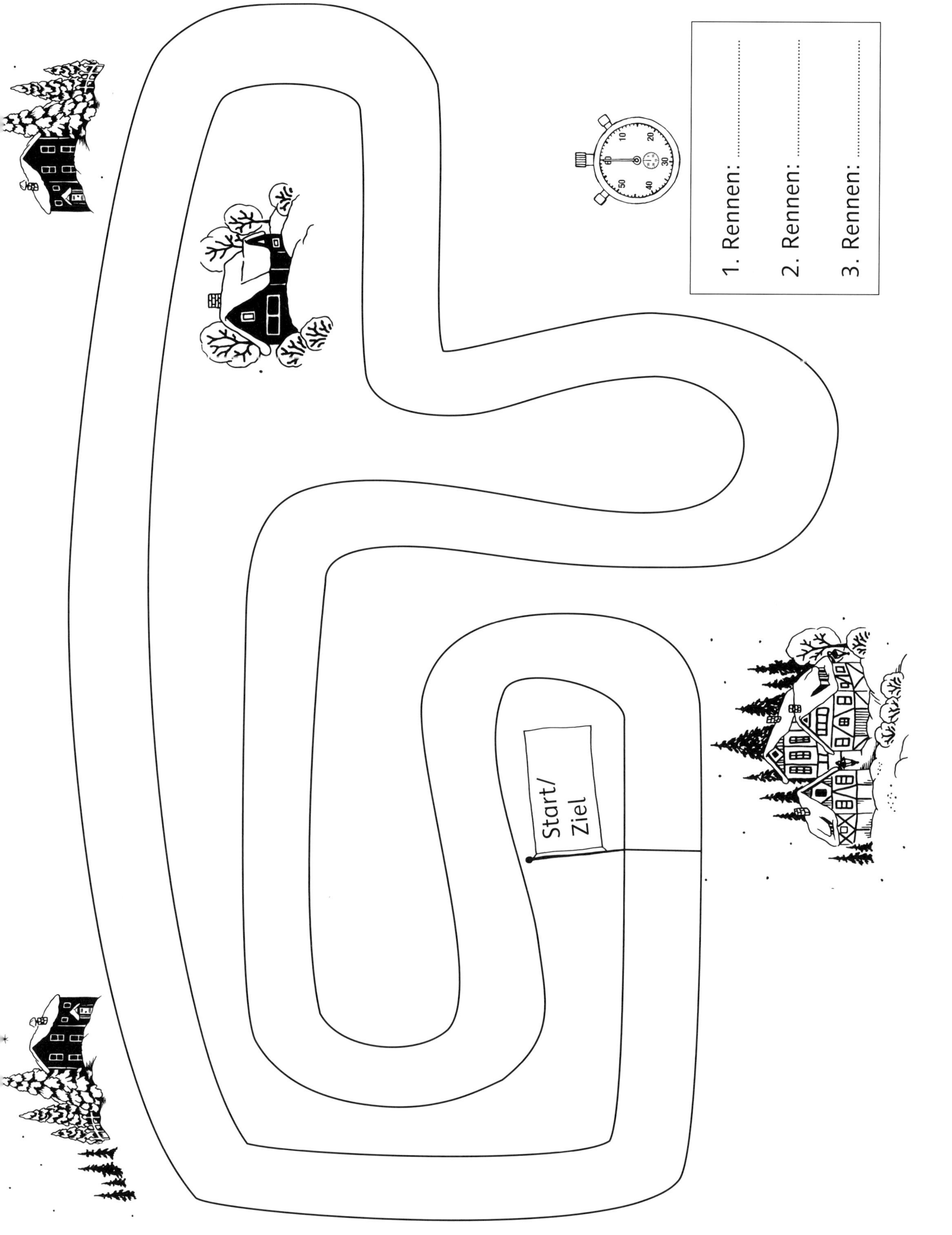

1. Rennen: ....

2. Rennen: ....

3. Rennen: ....

Start/
Ziel

Wichtelrennen 2/2

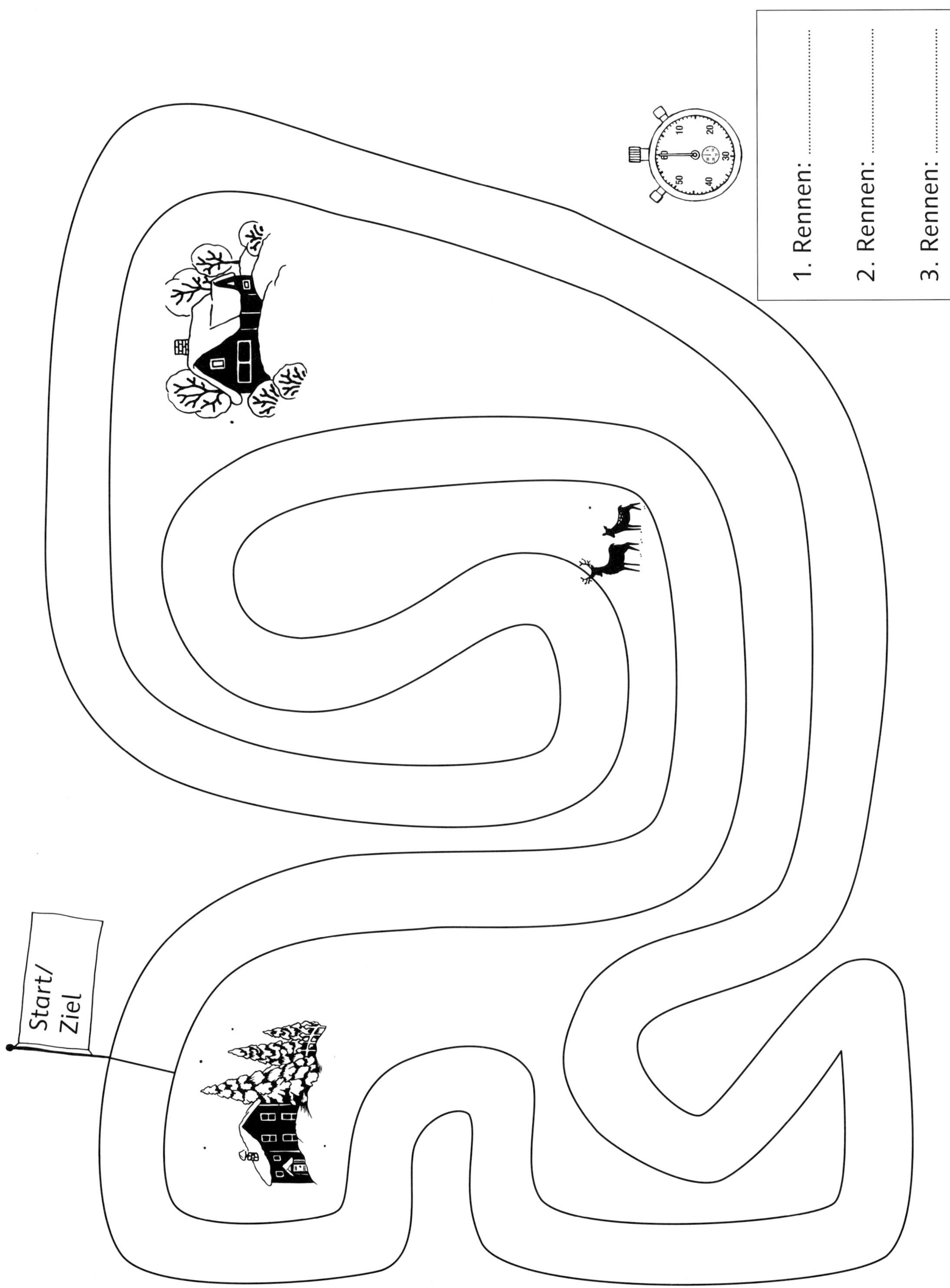

Mein Wunschzettel

Mein Wunschzettel

Wichtelzeit

Mit unserem Wichtel im Klassenzimmer

haben wir großen Spaß.

Wichtelgeschichte

Lesespaziergang: Im Wichtelland

1. T
2. R
3. B
4. U
5. M
6. W
7. G
8. Z
9. K
10. St

....
1 2 3 4 5 6 7 8 9 10

Lesespaziergang: Im Wichtelland

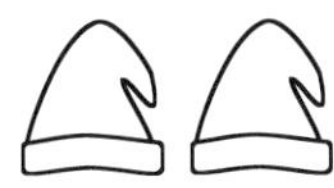

1. Tür
2. Rentier
3. Brief
4. Umzugskarton
5. Mütze
6. Wichtel
7. Geschenk
8. Zauberpulver
9. Keks
10. Stern

....
1 2 3 4 5 6 7 8 9 10

Lesespaziergang: Im Wichtelland

1. Hinter der Tür lebt der Wichtel.
2. Das Rentier ist ein enger Freund des Wichtels.
3. Briefe kannst du in den Briefkasten stecken.
4. Wenn du Umzugskisten siehst, weißt du, dass bald ein Wichtel einzieht.
5. Das schönste Kleidungsstück eines Wichtels ist die Mütze.
6. Die Weihnachtszeit ist schöner mit einem Wichtel.
7. Der Wichtel hilft dir, ein Geschenk für deine Lieben zu finden.
8. Mit dem Zauberpulver kann er kleine Zaubereien bewirken.
9. Ein Wichtel isst am liebsten Kekse.
10. Nachts sieht sich der Wichtel gerne die Sterne am Himmel an.

....
1 2 3 4 5 6 7 8 9 10

Wichtelregeln

Schulwichtel	schlafen	am	Tag.
Schulwichtel	sind	nachts	wach.
Schulwichtel	wohnen	im	Klassen- zimmer.
Schulwichtel	machen	lustige	Streiche.
Wichteltüren	müssen	geschlossen	bleiben.
Schulwichtel	schreiben	Briefe	an
ihre	Klasse.		
Schulwichtel	verlieren	ihre	Zauberkraft,
wenn	sie	gesehen	werden.

Wichtelpost

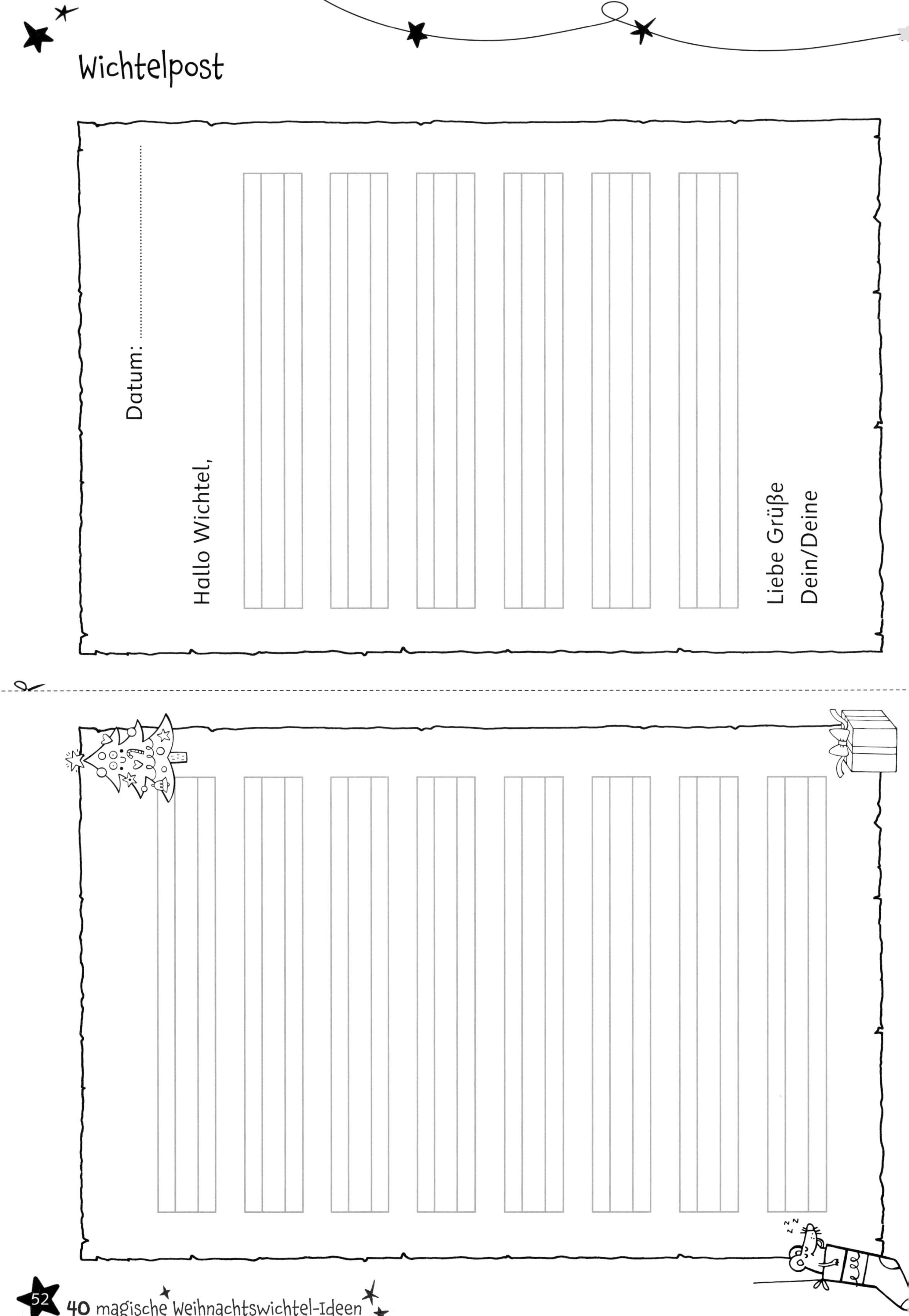

Im Wichtelland

Ich nehme euch heute mit auf eine Reise – auf eine Reise ins Wichtelland. Mache es dir auf deinem Platz bequem. Schließe deine Augen. Du atmest ganz ruhig. Und nun merkst du, wie der Boden und der Klassenraum um dich herum verschwinden. Auch der Geruch verändert sich. Du schnupperst leicht mit deiner Nase. Es riecht nach Natur. Aber du riechst auch noch etwas anderes. Es riecht süß. Vielleicht nach Zuckerwatte? Oder Keksen?

Du bist im Wichtelland gelandet. Heute ist ein besonderer Tag. Nur heute darfst du einen Blick auf die Wichtel erhaschen. Weißt du, was passiert, wenn Menschen Wichtel sehen? Die Wichtel verlieren ihre magischen Wichtelkräfte. Aber heute ist das anders. In deiner Vorstellung kannst du sie sehen.

Sie laufen durch das Dorf. Auf den kleinen Straßen, von Tür zu Tür. Sie sind klein. Und trotzdem sind sie ganz unterschiedlich groß. Es gibt kleine Wichtel und große Wichtel, Wichtel mit einem dicken Bauch und Wichtel mit vielen Muskeln. Es gibt Wichtel mit langen Bärten und Wichtel ohne Bärte. Knollnasen, Hakennasen, Stupsnasen … Und natürlich gibt es auch Wichtelinnen. Unter ihren Mützen schauen lange, kurze, strubbelige und krause Haare hervor. Alle sehen unterschiedlich aus und sind doch als Wichtel zu erkennen.

Plötzlich merkst du, dass du gar nicht größer als die Wichtel bist. Du bist auf Wichtelgröße geschrumpft. Also gehst du nun los – mitten hinein ins Dorf. Rechts und links siehst du kleine Häuser. Dir fällt gleich ins Auge, dass an den Häusern etwas besonders ist. Jede Tür sieht anders aus. Sie sind ganz individuell – rund, eckig, oval, blau, rot, grün, mit Holzbalken, großen Kränzen oder auch kleinen Fenstern. Es gibt sie in allen Farben und Formen. Du drehst dich um dich selbst und bestaunst die Türen. Kannst du eine erkennen, die dir besonders gut gefällt?

Da spricht dich ein Wichtel an. Er fragt, wo du herkommst. Er erzählt dir, dass du in Skandinavien gelandet bist. Hier leben die Wichtel, wenn sie nicht bei den Menschenfamilien wohnen. Der Wichtel erzählt dir, dass sie sich immer in der Vorweihnachtszeit eine Familie suchen, der sie bei den Weihnachtsvorbereitungen helfen. Darauf bereiten sie sich das ganze Jahr über vor.

Jetzt kommt dir der Duft von Süßem wieder in die Nase. Neugierig geworden, schaust du in eines der Fenster. Dort stehen ein Wichtel und eine Wichtelin und backen Kekse! Sie sind sehr in ihre Arbeit vertieft und die Kekse sehen ganz wunderbar aus. Das machen die Wichtel also vor der Weihnachtszeit. Sie bereiten sich vor!

Du gehst zum nächsten Haus und spähst auch da noch mal durchs Fenster. Dein Blick fällt auf ein großes Regal. Dort stehen Gläser mit Glitzerpulver. Sie sind beschriftet mit Wunschzauber, Schneezauber, Flugzauber, Feenstaub, Wachstumszauber und vielem mehr. Das muss das Pulver sein, das die Wichtel für ihre Zauber nutzen! Du versuchst, dir schnell alles einzuprägen, bevor du dich weiter auf den Weg machst.

Doch auf dem Weg zum nächsten Haus bemerkst du, wie deine Füße ins Leere treten und sich die Welt um dich verändert. Deine Füße stehen wieder auf dem Boden, du sitzt auf einem Stuhl und kommst wieder zurück in unseren Klassenraum. Stell dir in deinen Gedanken noch mal vor, was du alles gesehen hast. Und nun machst du langsam wieder deine Augen auf.

Wovon möchtest du berichten? Was hast du in deinen Gedanken gesehen? War etwas neu für dich? Wie hast du dich im Wichtelland gefühlt?

Wichtelfotos

Dorothee Wolters

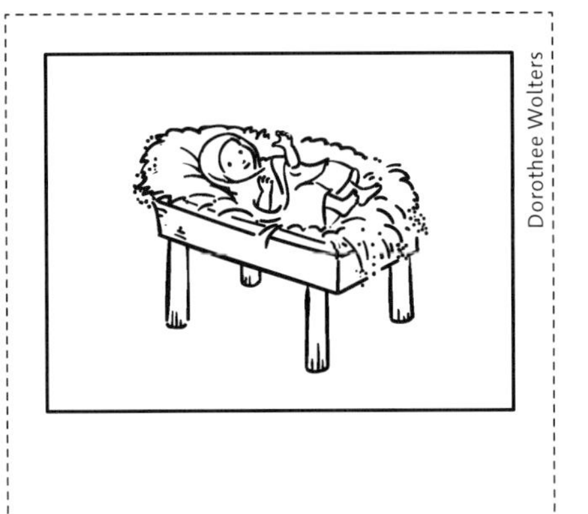

Dorothee Wolters

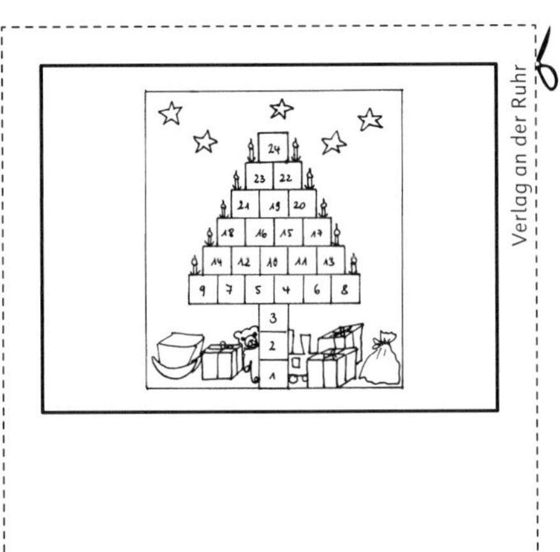

Verlag an der Ruhr

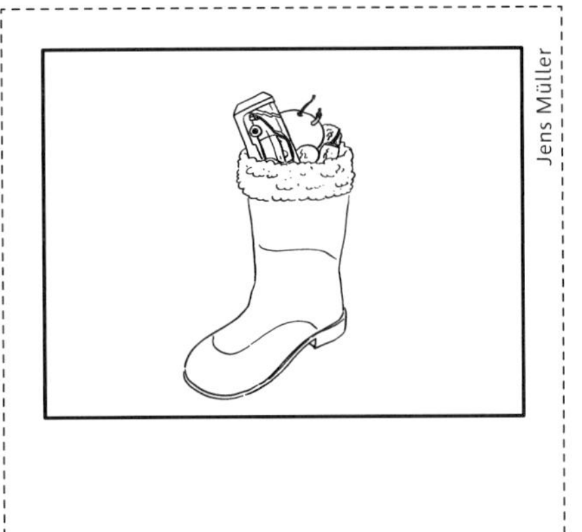

Jens Müller

Jens Müller

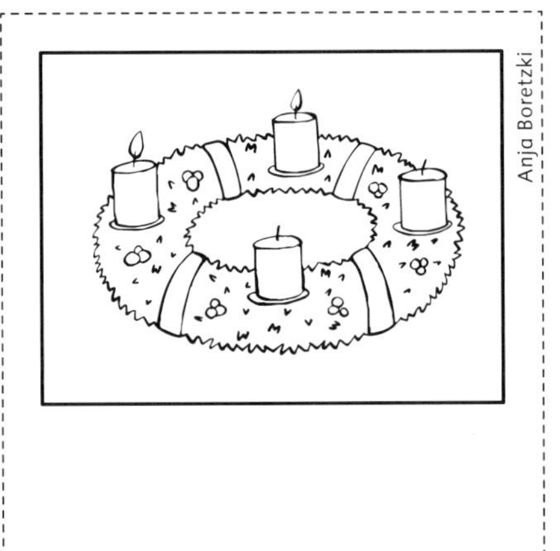

Anja Boretzki

Dorothee Wolters

Eva Spanjardt

Anja Boretzki

Anja Boretzki

Dorothee Wolters

Anja Boretzki

Wichtelfreund 1/2

1. Schreibe in die Felder:
Huf, Bein, Schwanz, Geweih, Fell, Nase, Ohr, Auge

2. Was fressen Rentiere? Kreuze an.

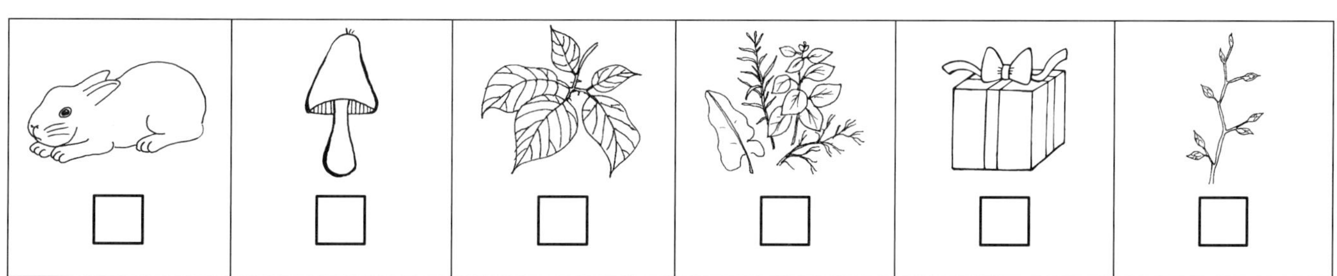

3. Male das Rentier an.

Wichtelfreund 2/2

4. Lies den Text und fülle den Steckbrief über das Rentier aus.

Rentiere zählen zur Familie Hirsch.
Sie leben mit vielen Rentieren in einer Herde.
Sie leben dort, wo es kalt ist: in Nordeuropa, Russland, Kanada, Alaska und Grönland.
Rentiere werden 130 bis 220 cm lang und 80 bis 150 cm hoch.
Sie wiegen 60 bis 315 kg.
Die Männchen sind größer als die Weibchen.
Beide haben ein Geweih.
Rentiere haben ein braunes, dickes Fell.
Es ist im Sommer dunkel und im Winter heller.
Rentiere fressen Kräuter, Blätter, Zweige, Pilze und Moose.
Die Tiere sind gute Schwimmer.
Im Mai bringen die Weibchen meist ein Junges zur Welt.
Rentiere können 12 bis 26 Jahre alt werden.

Familie:	Alter:
Größe:	Gewicht:
Lebensraum:	
Nahrung:	
Besonderheit:	
Aussehen:	

Wichtelerkältung 1/2

Wichtelexperiment 1: Wie wird eine Erkältung verbreitet?

Ihr braucht:

Creme

Zauberpulver

Wasser

Cremt eure Hände gut ein.

Streut Wichtelpulver auf eure Hände. Jeder sollte nur eine Sorte benutzen.

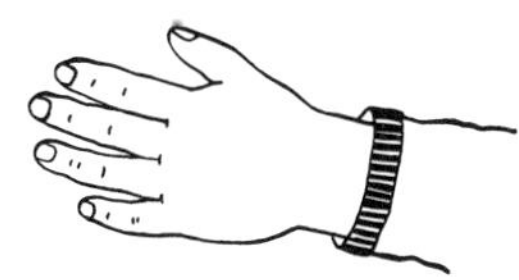

Bewegt euch im Zimmer. Fasst Dinge an, die ihr im Laufe des Tages anfassen würdet.

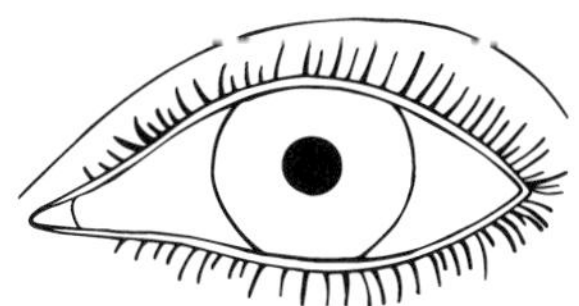

Was ist passiert? Betrachtet eure Hände und schaut euch im Klassenzimmer um.

Wichtelexperiment 2: Wieso ist Seife beim Händewaschen wichtig?

Ihr braucht:

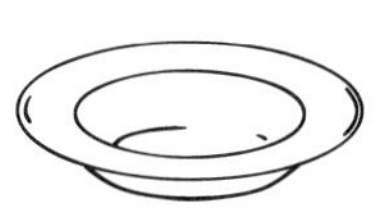

tiefen Teller

Zauberpulver

Spülmittel

Wasser

Füllt den Teller mit Wasser.

Streut Wichtelzauber-pulver in das Wasser.

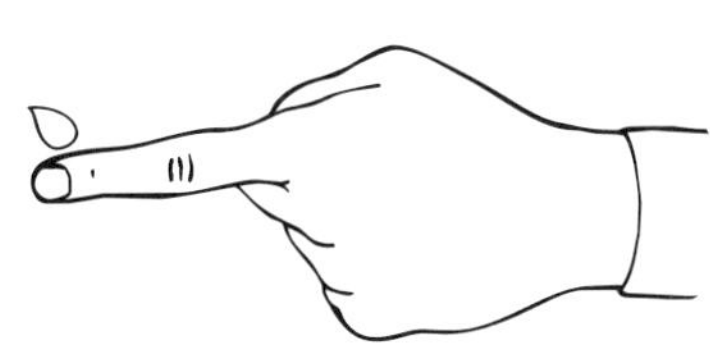

Gebt etwas Spülmittel auf einen Finger.

Steckt den Finger langsam in das Wasser. Was passiert?

Wichtelerkältung 2/2

Unsere Wichtelfrage:

Wie lautet die Wichtelfrage?

Unsere Vermutung:

Was vermutet ihr? Was wird passieren?

Beobachtung:

Führt das Experiment durch. Was passiert?

Erklärung:

Wie beantwortet ihr die Wichtelfrage?

Wichtel-Outfit 1/2

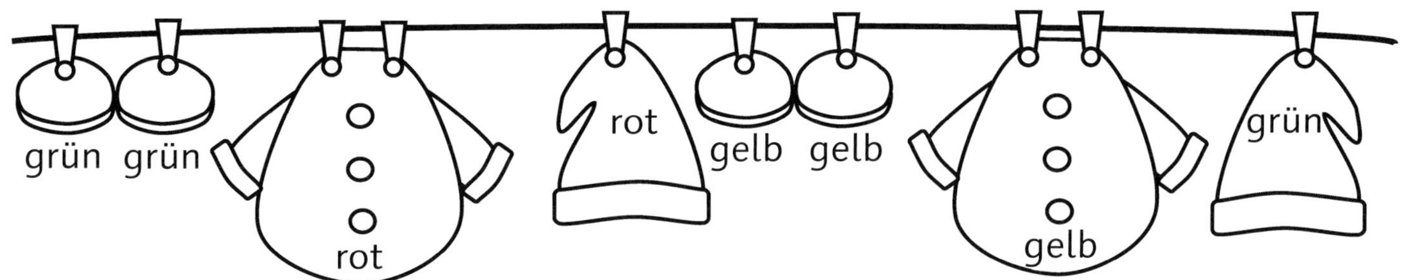

Male die Kleidungsstücke an der Leine mit den Farben aus.

Welche Möglichkeiten hat unser Wichtel, Schuhe, Jacke und Mütze zu kombinieren? Male alle Möglichkeiten auf.

Unser Wichtel kann .... verschiedene Outfits anziehen.

Wichtel-Outfit 2/2

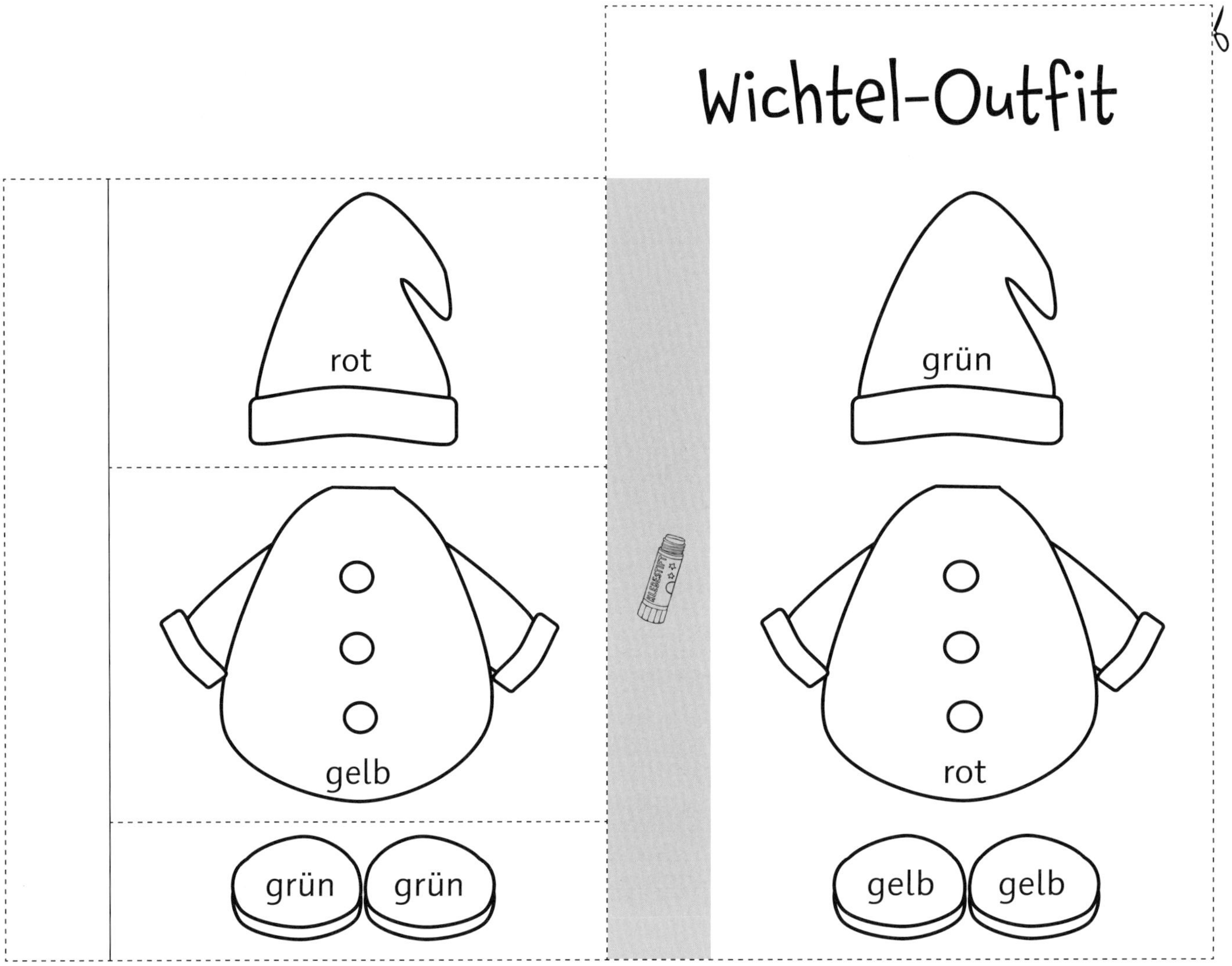

Wichtel-Outfit

rot

gelb

grün grün

grün

rot

gelb gelb

Male die Kleidung rot, gelb und grün aus.

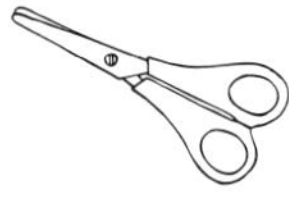

Schneide alles aus. Schneide die Klappen ein.

Klebe die beiden Seiten an der grauen Fläche zusammen.

Verändere mit den Klappen das Wichtel-Outfit.

Wichtelbingo

Wichtelbesuch

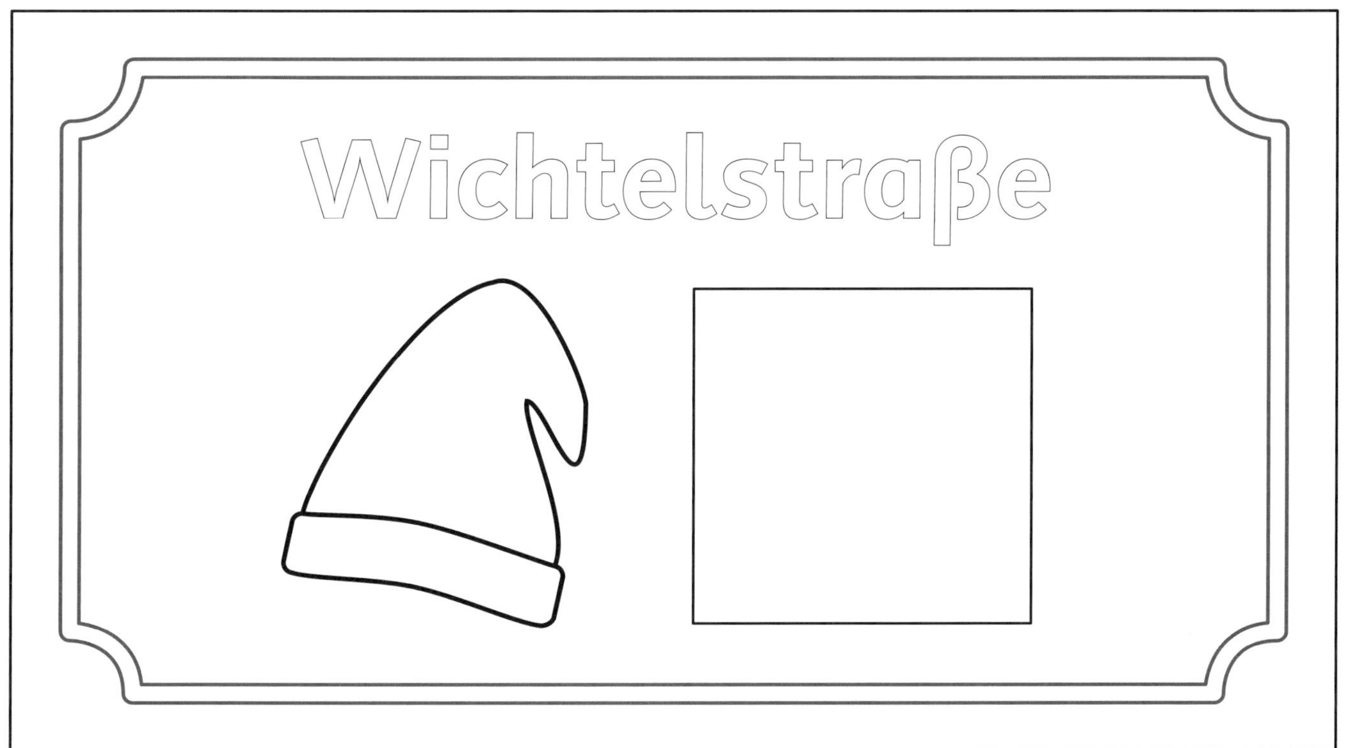

Wichtelbesuch

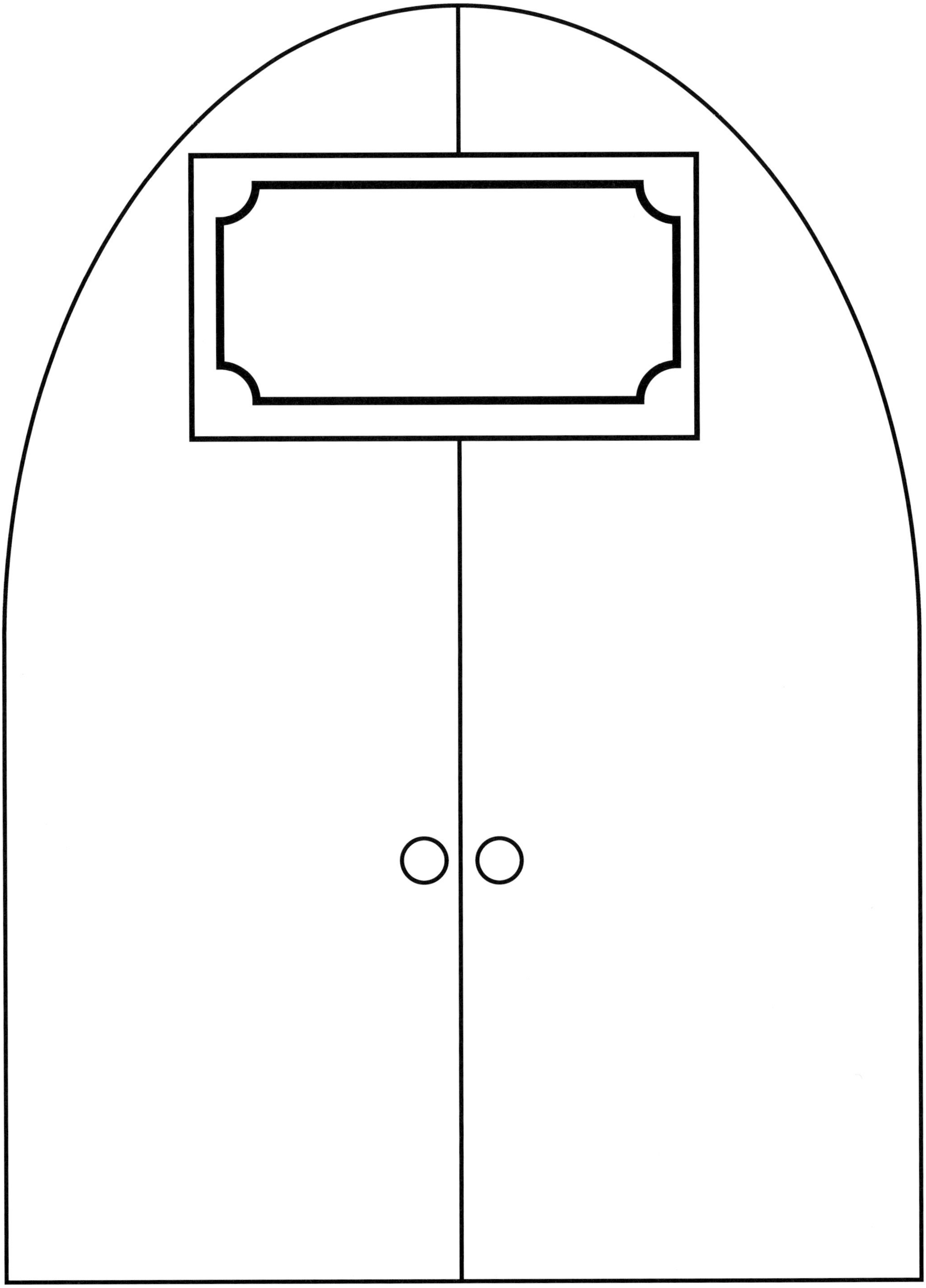

Wichtelkommando

Unser Wichtel sagt:

Springe wie ein Rentier.
Lache wie der Weihnachtsmann.
Iss einen Keks.
Singe „O Tannenbaum“.
Stehe wie ein Weihnachtsbaum.
Marschiere wie ein Nussknacker.
Schleiche wie ein Wichtel.
Fliege wie ein Engel.

Gnome Commands

Our gnome says:

Jump like a reindeer.
Laugh like Santa: "Ho, Ho, Ho!“
Eat a cookie.
Sing "Jingle bells“.
Stand like a christmas tree.
March like a nutcracker.
Sneak like a gnome.
Fly like an angel.

Wichtellotto/Gnome Lottery

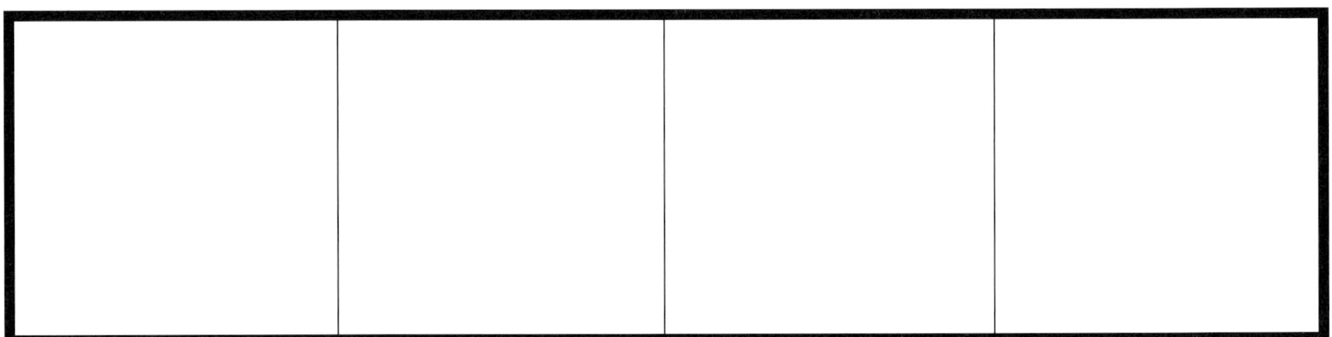

Schneide die Bildkarten aus.

Klebe oder lege 4 Bilder auf das Spielfeld.

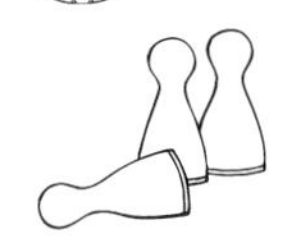

Spielt gemeinsam Lotto.

Wichtelklänge

Überlegt, welche Instrumente zu den Zeilen des Wichtelgedichts passen.

Schreibt auf, welche Wörter ihr wie vertonen wollt.
Tipp: Unterstreicht das Wort, bei dem ein Klang gespielt werden soll.

Übt es gemeinsam ein. Ein Kind erzählt. Die anderen spielen die Instrumente.

Wichtelzeit

	Instrumente:
Die Wichtelzeit ist da,	
das finde ich wunderbar.	
Ich ziehe bei den Kindern ein	
und bringe ihnen Sonnenschein.	
Lachen, spielen, singen, bringen,	
Schabernack vor allen Dingen.	
Diese Zeit bringt Stille und Ruhe,	
Erinnerungen in meiner Truhe.	
Lärm und Freude sind dabei	
und ein bisschen Zauberei.	
Ihr macht mein Herz froh,	
ich mag euch sehr,	
sowieso.	

Wichtellied

Unser Wichtel

(Melodie nach „Bruder Jakob")

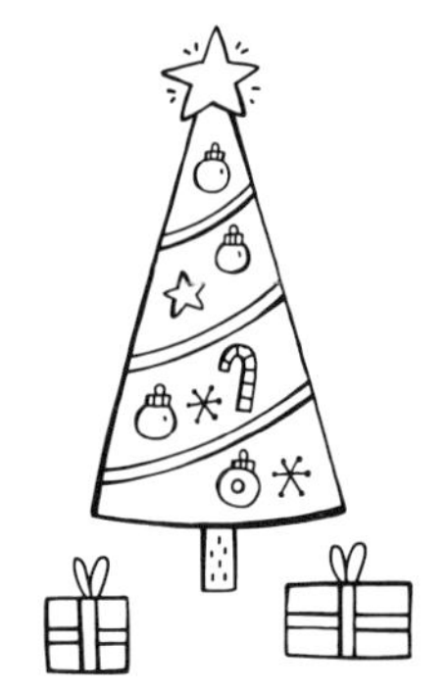

Unser Wichtel,
unser Wichtel,
hinter der Tür,
hinter der Tür,
schreibt uns tolle Briefe,
schreibt uns tolle Briefe,
hat Streiche gern,
hat Streiche gern.

Wichtelsport

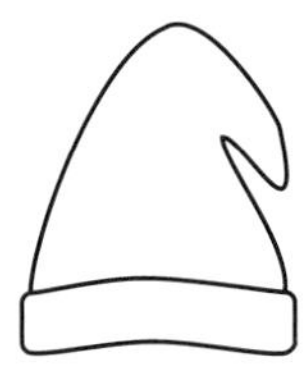	Zipfelmütze mit Händen zeigen und schleichen		sich groß wie ein Weihnachtsabaum machen
	Zwei Kinder bilden mit den Händen ein Tor.		sich ganz klein machen
	auf allen vieren laufen		sich hinsetzen und schreiben

Wichtelurkunde

für den Schneeriesen!

Euer Schneemann
ist so groß, dass er fast
bis zu den Wolken reicht.
Ich hoffe, ihr habt eine
Leiter benutzt, um ihn
fertigzustellen!

Euer Wichtel

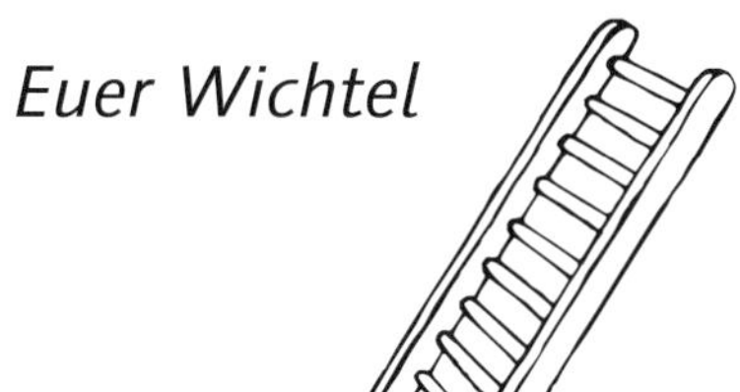

Wichtelurkunde

für die Königinnen und Könige der Schneekugeln!

Ihr habt die perfektesten
Schneekugeln geformt,
die ich je gesehen habe.
Ihr habt die Kunst
des Schneekugelrollens
wahrhaftig gemeistert.

Eurer Wichtel

Wichtelurkunde

für den winzigsten Schneemann!

Wow, ihr habt einen
Schneemann gebaut,
der kleiner ist als ich!
Ihr habt gezeigt,
dass Größe nicht
immer wichtig ist.

Eurer Wichtel

Wichtelurkunde

für das wichteligste Schneemann-Team!

Ihr habt bewiesen,
dass ihr als Team
unschlagbar seid.
Mit vereinten Kräften
habt ihr einen
fantastischen
Schneemann gebaut,
der alle in Staunen
versetzt.

Euer Wichtel

Wichtelurkunde

für die genialsten Schneemannarchitektinnen und -architekten!

Euer Schneemann ist mehr als nur eine Skulptur – er ist ein Meisterwerk der Architektur. Mit viel Liebe zum Detail und einer besonderen kreativen Note habt ihr ein Unikat erschaffen, das jedem Sturm standhält.

Euer Wichtel

Wichtelurkunde

für die kreativsten Schneemannkünstlerinnen und -künstler!

Eure Schneemann-Idee war so einzigartig und ausgefallen, dass selbst ich als Wichtel sprachlos bin. Ihr habt gezeigt, dass ihr eine grenzenlose Vorstellungskraft habt.

Eurer Wichtel

Wichtelurkunde

für die angesagtesten Schneemanndesignerinnen und -designer!

Euer Schneemann ist nicht nur wunderschön und detailreich, sondern auch hip und modisch! Ihr habt nicht nur Schnee im Blut, sondern auch einen ausgeprägten Sinn für Stil.

Eurer Wichtel

Wichtelurkunde

für den witzigsten Spaßvogel!

Euer Schneemann hat nicht nur mich zum Lachen gebracht, sondern auch alle, die vorbeigegangen sind. Ich bin sicher, dass er auch in den nächsten Tagen noch für gute Laune sorgen wird.

Eurer Wichtel

Wichtelpause

Tänzle wie ein Rentier.

Schwinge
wie ein Glöckchen
hin und her.

Schleiche
wie der Wichtel
leise durch die Nacht.

Puste die Kerzen
auf dem
Adventskranz aus.

Mache dich groß wie
ein stolz geschmückter
Tannenbaum.

Rolle Teig und
stich Plätzchen aus.

Wichtelanhänger

Zutaten

1
2
1
1

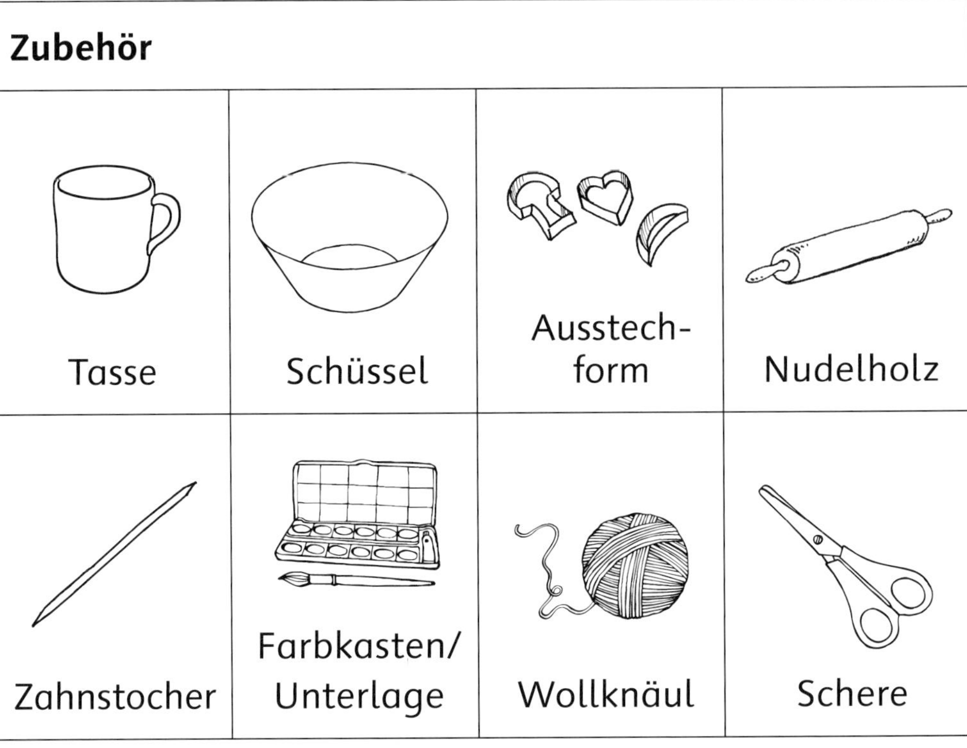

Zubehör			
Tasse	Schüssel	Ausstech-form	Nudelholz
 Zahnstocher	Farbkasten/ Unterlage	Wollknäul	Schere

❶  Miss die Zutaten ab. Gib sie in die Schüssel.	❷  Verknete alle Zutaten.	❸ 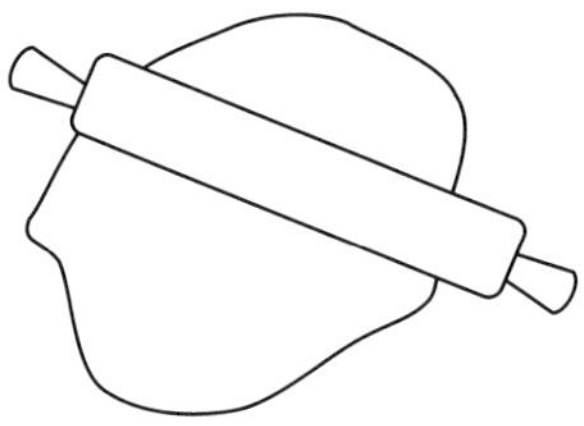 Rolle den Teig dünn aus.
❹  Stich Formen aus dem Teig aus.	❺  Lege die Anhänger auf ein Blech.	❻  Bohre mit dem Zahnstocher ein Loch.
❼  Backe die Anhänger 1 Stunde bei 140 °C im Ofen.	❽  Male die getrockneten Anhänger mit Farbe an.	❾  Ziehe einen Faden durch das Loch.

Wichtelpapier

Zubehör					
  A3-Blatt	 Zeitung	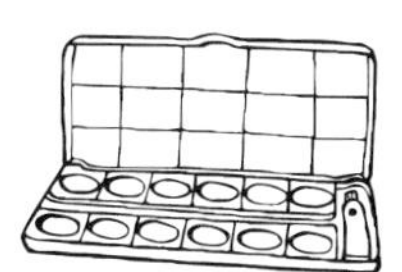 Farbkasten	 Wasser	 Pinsel	 Faserstifte

  Male deinen Finger mit Farbe an.	  Drucke deinen Finger auf das Papier.	  Lasse deine Farbe trocknen.	 Male mit den Stiften Details.

Wichtel 		Socke 	
Kugel 		Engel 	
Weihnachts-mann 		Schneemann 	

Wichtelmaler

Kerze	Nikolaus	Kranz
Kugel	Geschenk	Bart
Kekse	Kamin	Glocke
Stern	Nuss	Wichtel
Tanne	Mandarine	Zweig
Stiefel	Rentier	Weihnachtsbaumständer
Schlittschuhe	Weihnachtsmann	Engel
Lichterkette	Weihnachtsmarkt	Krippe
Lebkuchen	Schneeflocke	Kakao
Adventskalender	Schneemann	Schokolade

Wichtel-Escape-Room 1/2

1. Rätsel: Zahlenrätsel

Verbinde die 10er-Freunde.
Welche Zahl bleibt übrig?

2 ○	○ 4
5 ○	○ 1
7 ○	○ 8
6 ○	○ 5
9 ○	

Gesuchte Zahl: ☐

2. Rätsel: Lesespurgeschichte

Suche das Bild zum Wort.
Schreibe die Buchstaben in der Reihenfolge auf.

E I R D

- ○ Kerze
- ○ Stern
- ○ Schlitten
- ○ Wichtel

Lösungswort: ☐ ☐ ☐ ☐

Gesuchte Zahl: ☐

3. Rätsel: Buchstabensalat

Male alle Felder mit einem R wie Rentier an.
Welche Zahl entsteht?

I	R	T	E
R	R	V	A
S	R	A	N
Z	R	L	Q

Gesuchte Zahl: ☐

4. Rätsel: Mütze gesucht

Welche Mütze sieht anders aus?
Schreibe die Zahl auf.

Gesuchte Zahl: ☐

Wichtel-Escape-Room 2/2

1. Rätsel: Zahlenrätsel

Verbinde die 100er-Freunde.
Welche Zahl bleibt übrig?
Der Zehner ist die gesuchte Zahl.

20 ○	○ 40
50 ○	○ 10
70 ○	○ 80
60 ○	○ 50
90 ○	

Gesuchte Zahl: ☐

2. Rätsel: Lesespurgeschichte

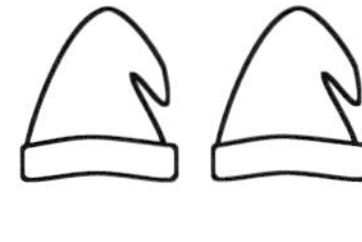

Suche das Bild zum Wort.
Schreibe die Buchstaben in der Reihenfolge auf.

Die Kerze leuchtet. ○
Der Stern funkelt. ○
Mit dem Schlitten rodeln wir. ○
Der Wichtel macht Späße. ○

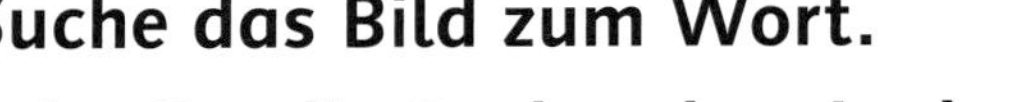

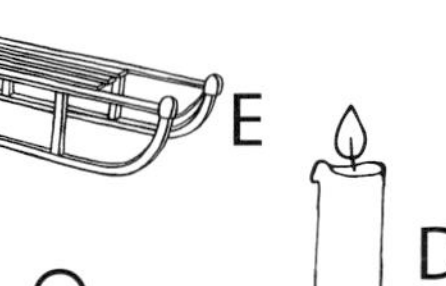

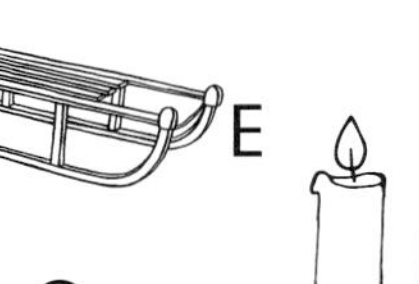

Lösungswort: ☐ ☐ ☐ ☐

Gesuchte Zahl: ☐

3. Rätsel: Buchstabensalat

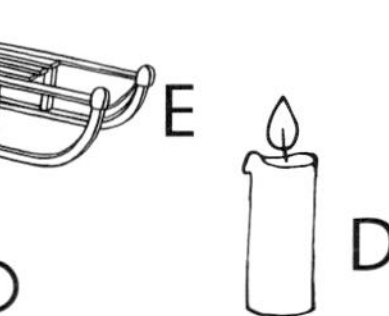

Male alle Felder mit einem Nomen an.

schneien	Wichtel	albern	dichten
Rentier	Geschenk	lachen	singen
malen	Zauber	backen	schlafen
zaubern	Brief	packen	schreiben

Gesuchte Zahl: ☐

4. Rätsel: Paare gesucht

Finde die Paare. Welcher Handschuh bleibt übrig? Schreibe die Zahl auf.

1 	2 	3 	4 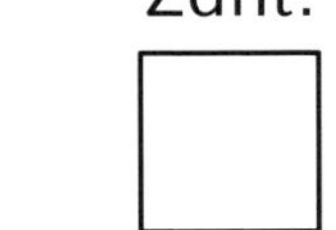	5 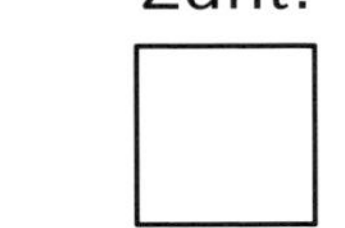	6 
7 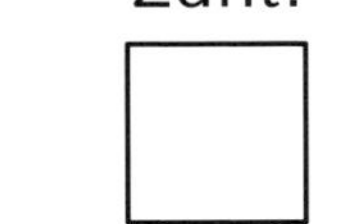	8 	9 	10 	11 	

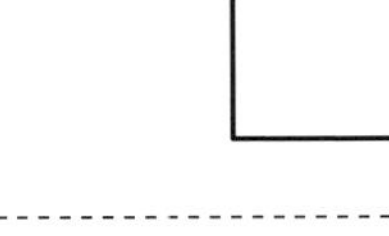

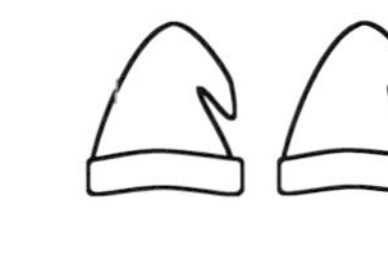

Gesuchte Zahl: ☐

Wichtelmassage

Die Vorweihnachtszeit hat begonnen. Überall hörst du schon Weihnachtsmusik. Du bist schon etwas aufgeregt.	*mit den Fingerspitzen über den Rücken tippeln*
Eines Morgens entdeckst du im Klassenzimmer eine kleine Tür an der Wand.	*mit dem Zeigefinger Türbogen auf den Rücken zeichnen*
Du gehst hin und klopfst erst mal an.	*mit den Fingerknöcheln sanft über den Rücken klopfen*
Doch es macht niemand auf. Das ist ja komisch. Du schaust dich weiter um und entdeckst einen kleinen Brief neben der Tür. Du machst den Umschlag auf und liest ihn.	*wie mit einem „Lesefinger" mit dem Zeigefinger Linien von links nach rechts über den Rücken ziehen*
Ein Wichtel ist bei euch eingezogen! Wie aufregend! Schnell läufst du los und holst selber Stift und Papier.	*mit den Fäusten über den Rücken „laufen"*
Schnell ist ein Antwortbrief verfasst, den du dem Wichtel in den Briefkasten steckst.	*mit der Handkante auf den Rücken klopfen (wie ein Briefkastenschlitz)*
Am Abend setzt du dich vor den warmen Kamin. Bisher ist noch nichts passiert. Mit der wohligen Wärme schläfst du ein.	*die Handflächen aneinanderreiben und auf verschiedene Stellen des Rückens legen*
In der Nacht wachst du auf. Was ist denn hier passiert? Überall sieht man Schneespuren. Sie sehen aus, als wenn sie von kleinen Skiern stammen. Der Wichtel ist wohl durch Berg und Tal, über Sofa, Stühle und Tisch Skier gefahren.	*mit den Fingerspitzen wilde Kreis- und Wellenbewegungen über den Rücken machen*
Da sind wir ja gespannt, was sich der Wichtel noch alles ausdenkt!	

Wichtelkomplimente 1/2

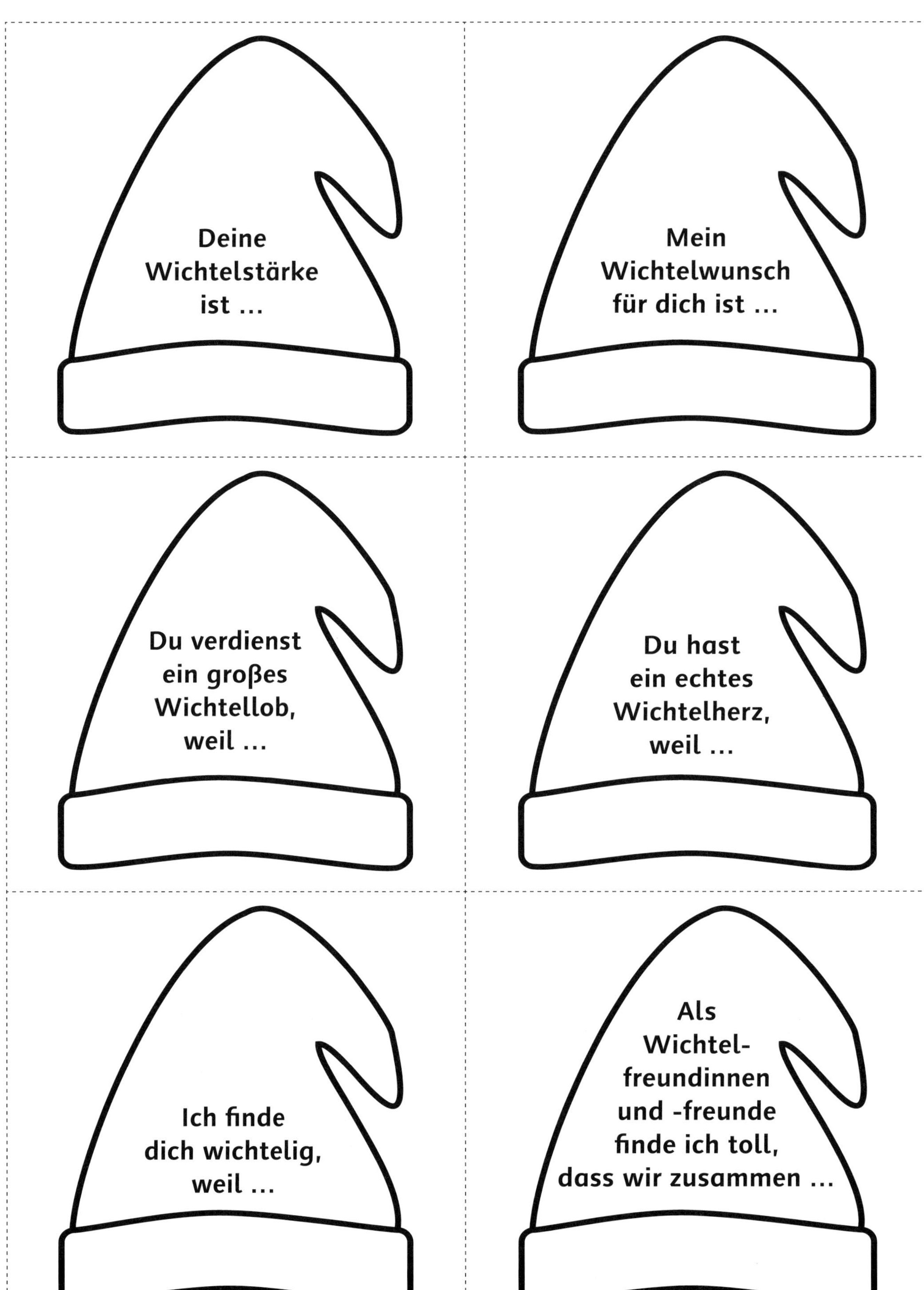

Wichtelkomplimente 2/2

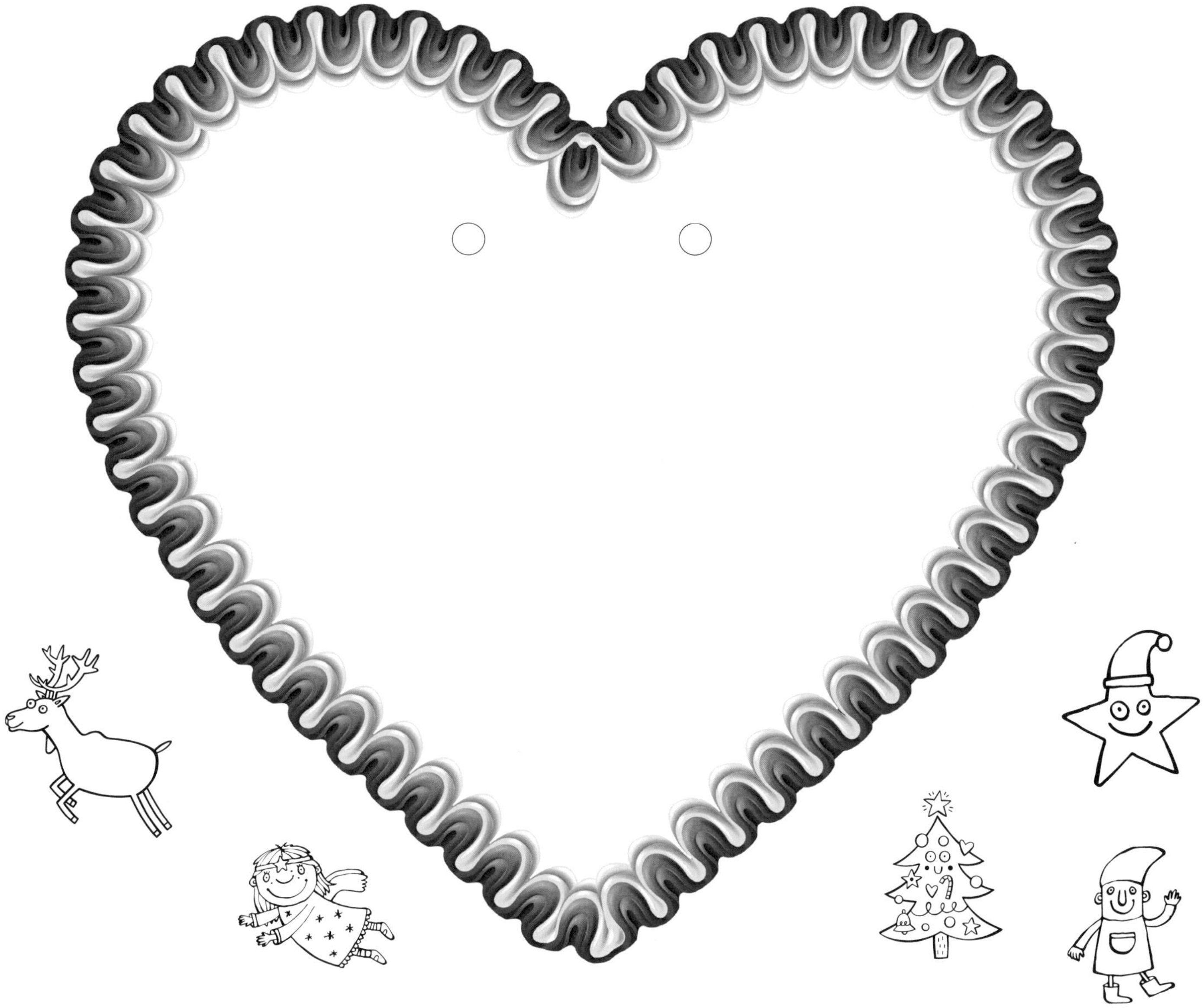

Bastle für einen Mitschüler oder eine Mitschülerin ein Lebkuchenherz mit Wichtelkomplimenten:

Schreibe auf die Vorderseite dein Kompliment.

Schreibe auf die Rückseite, warum du dieses Kompliment ausgesucht hast.

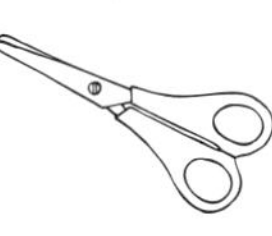

Schneide dein Herz aus und ziehe ein Band zum Umhängen durch die Löcher.

Beispiele: Wichtelstark und mutig, Wichtelbester Freund, Echter Wichtelheld, In dir steckt Wichtelzauber, Wichtelkraft im Herzen, Wahre Wichtelgröße, Wichtelherz, Wichtelstern

Das hat wehgetan!

Wichtel Ole hat Wichtel Snorre aus Versehen gestoßen. Snorre tut sich dabei weh und wird wütend auf Ole.

Wie können Ole und Snorre ihren Konflikt friedlich lösen?

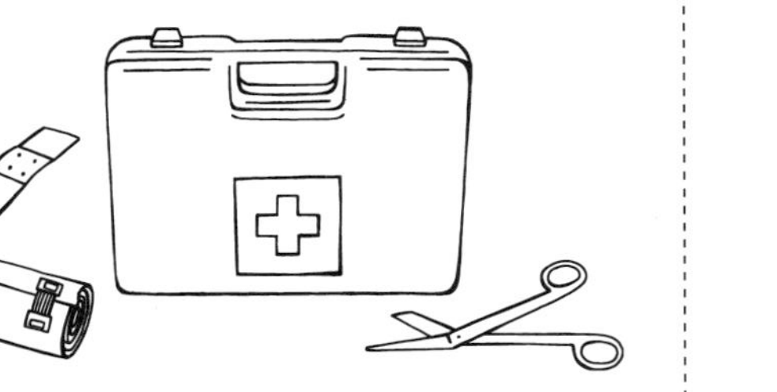

Streit am Weihnachtsbaum

Die Wichtelmädchen Birte und Lyra wollen den Baum schmücken. Birte möchte nur rote Kugeln aufhängen. Lyra möchte einen bunten Baum. Beide möchten gerne beginnen und sind deshalb traurig.

Was können sie tun, damit keine traurig ist und beide glücklich sind?

Gestohlener Weihnachtsstrumpf

Wichtel Lasse hat heimlich den Weihnachtsstrumpf von Wichtelin Trudi weggenommen. Trudi ist wütend und traurig, weil sie ihren Strumpf vermisst. Sie denkt, dass Lasse ihn genommen hat. Doch Lasse streitet alles ab.

Wie könnten ihre Wichtelfreundinnen und -freunde ihnen helfen, den Streit zu lösen?

Das falsche Geschenk

Wichtelin Trudi hat Wichtel Tomte ein Geschenk gegeben. Tomte mag es nicht und sagt das zu Trudi. Trudi ist traurig und verletzt. Sie beginnen einen Streit.

Wie können sie ihren Streit lösen?

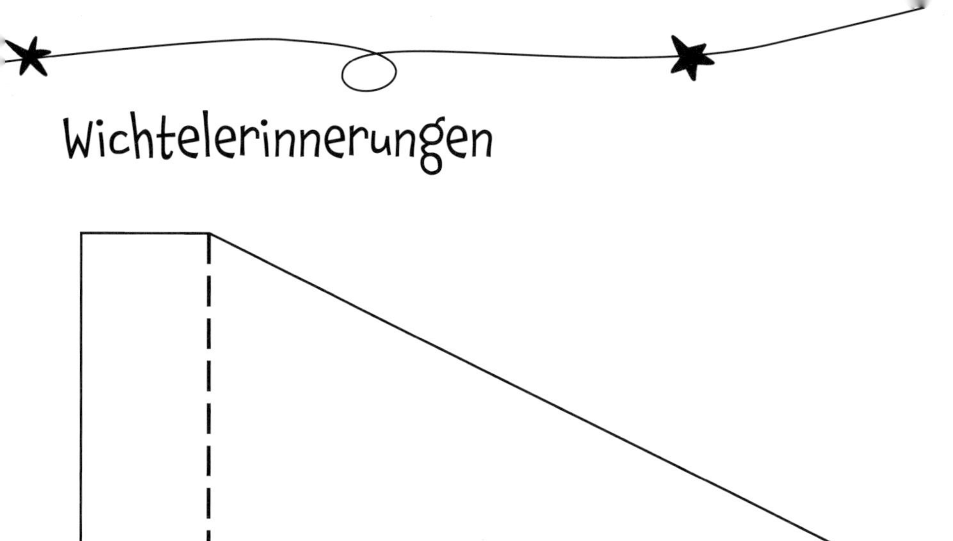

Wichtelerinnerungen

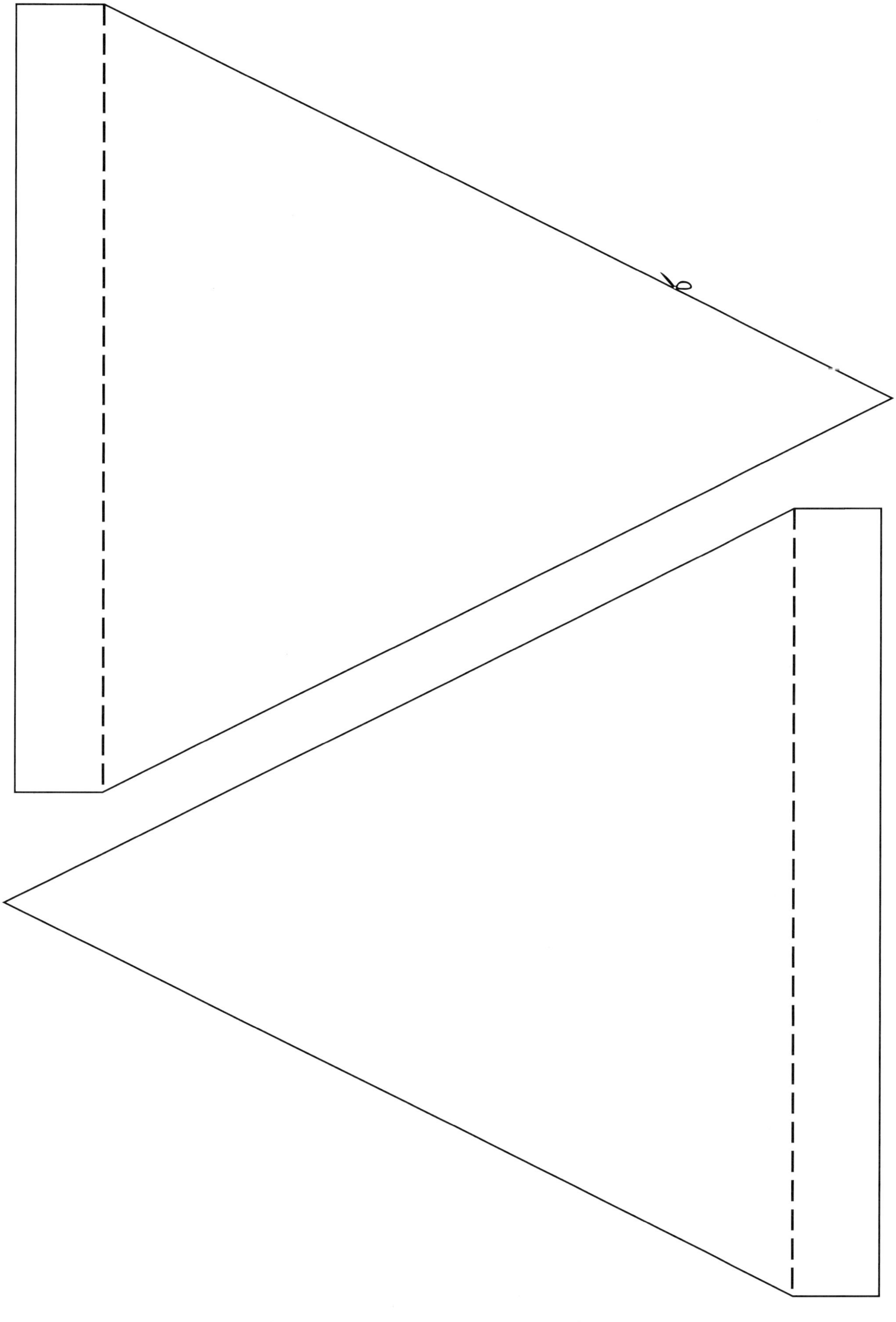

Lieblingskekse

Zutaten:

500 g Mehl
180 g Zucker
250 g Butter
2 Eier

Dekoration

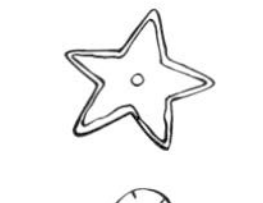

Zubereitung:

1. Mehl und Zucker in eine Schüssel geben. Die Butter in kleinen Stücken und das Ei hinzugeben. Zu einem Teig verkneten.
2. Teig zu einer Kugel formen und, in Frischhaltefolie verpackt, mindestens 30 Minuten in den Kühlschrank stellen.
3. Den Backofen auf 160 Grad Umluft vorheizen.
4. Den Teig auf einer bemehlten Fläche ausrollen und die Kekse ausstechen.
5. Ca. 10–12 Minuten backen, auskühlen lassen und nach Belieben verzieren.

Lieblingskekse

Zutaten:

500 g Mehl
180 g Zucker
250 g Butter
2 Eier

Dekoration

Zubereitung:

1. Mehl und Zucker in eine Schüssel geben. Die Butter in kleinen Stücken und das Ei hinzugeben. Zu einem Teig verkneten.
2. Teig zu einer Kugel formen und, in Frischhaltefolie verpackt, mindestens 30 Minuten in den Kühlschrank stellen.
3. Den Backofen auf 160 Grad Umluft vorheizen.
4. Den Teig auf einer bemehlten Fläche ausrollen und die Kekse ausstechen.
5. Ca. 10–12 Minuten backen, auskühlen lassen und nach Belieben verzieren.

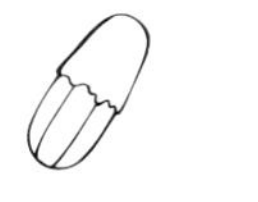

Fröhliche Weihnachten

Ich wünsche dir und deiner Familie
wunderschöne Weihnachten.
Genieße diese schöne Zeit
und komm gut ins neue Jahr.

Ich werde dich vermissen!

Dein Wichtel

Fröhliche Weihnachten

Ich wünsche dir und deiner Familie
wunderschöne Weihnachten.
Genieße diese schöne Zeit
und komm gut ins neue Jahr.

Ich werde dich vermissen!

Dein Wichtel